JN085627

MAGALIの

ノスタルジックなワードローブ

荘村恵理子

A

ラッフル衿のブラウス
P.06、P.21、P.22
[how to make P.36]

B

大きめフリル衿のブラウス
P.10、P.31
[how to make P.38]

C

縞模様のクラシックブラウス
P.12、P.30
[how to make P.40]

D

スクエア衿のワンピース
P.13、P.29
[how to make P.42]

E

後ろボタンの
ドルマンギャザープルオーバー
P17、P.19
[how to make P.45]

F

ハイウエストのタックワンピース
P.14、P.32
[how to make P.47]

G

ラグラン袖の
ダブルボタンジャケット
P.24
[how to make P.50]

H

2色づかいのワンピース
P.25
[how to make P.52]

I

ふんわり裾のサロペットパンツ
P.30
[how to make P.54]

J

グレンチェックのエプロンドレス
P.31
[how to make P.57]

K

ツーウェイ気分のエプロンドレス
P.06、P.24
[how to make P.59]

L　M　N　O

バルーンスリーブブラウス
P.08、P.09
[how to make P.61]

バルーンスリーブワンピース
P.07
[how to make P.63]

セーラーカラーのブラウス
P.18
[how to make P.64]

ショールカラーのロングワンピース
P.26
[how to make P.66]

P　Q

しっかりリネンのマリンパンツ
P.10、P.19
[how to make P.68]

ラズベリー色のパンツ
P.08
[how to make P.68]

Contents

この本に掲載のアイテムは、見返しなど一部のパーツが共通のものや、衿や袖、丈の長さのみが違うものなどがあります。付録のパターンでは共通のものは重ねて載せました。共通があるパターンどうしは、共通部分を生かして写すことで手間を省いて製作することができます。

―― 一部共通パターンアイテム

＝＝ 同パターンアイテム

R　S　T　U

ブロックチェックのローブコート
P.22
[how to make P.71]

2段フリルのショール
P.21
[how to make P.74]

サイドリボンのラップ風スカート
P12、P.18
[how to make P.76]

ななめハンドステッチの
丸底トート
P.20
[how to make P.79]

Prologue

小学生の時に初めて作ったカモメ柄のギャザースカート。

1枚の布地から、自分好みのお洋服ができ上がったときの、
心が踊るようなうれしさと感動を今でも覚えています。

スカートの共布で、直線縫いのブラウスを作ったら、
ツーピースのセットアップになりました。

母に影響されてはじめたソーイング。
無心で作った、懐かしい自分だけのワードローブ。

生地を替えたり、丈を長くしてみたり、
ポケットをつけ加えてみたり、
パターンをほんの少しアレンジするだけで、
また一味違ったお洋服ができ上がる。
リネン生地でも厚みが違うだけで、
春夏のアイテムが秋冬仕様になります。

そんな楽しい服作りに、
MAGALIのノスタルジックなスパイスを
加えていただけたら、とてもうれしいです。

MAGALI　荘村恵理子

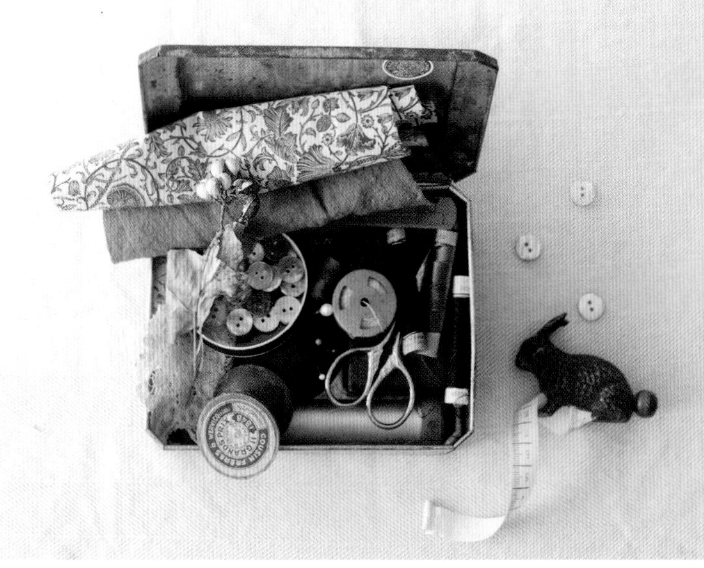

A / K

ラッフル衿のブラウス
ツーウェイ気分のエプロンドレス

How to make P.36(A) / P.59(K)

WILKEN
TEE

M

バルーンスリーブワンピース

How to make P.63

L / Q

バルーンスリーブブラウス
ラズベリー色のパンツ

How to make P.61(L) / P.68(Q)

L

バルーンスリーブ
ブラウス

How to make P.61

B / P

大きめフリル衿のブラウス
しっかりリネンのマリンパンツ

How to make P.38(B) / P.68(P)

C / T

縞模様のクラシックブラウス
サイドリボンのラップ風スカート

How to make P.40(C) / P.76(T)

D

スクエア衿のワンピース

How to make P.42

F

ハイウエストの
タックワンピース

How to make P.47

Design and Material

デザインと生地選び

学生のころ。初めてヨーロッパの古着を手に取ったとき、
それまでの服には見たことのない衝撃を受けました。
クリームのようにやわらかな色や、まぶしいくらい鮮やかな色彩、
こじんまりとした衿や不思議なかたちのポケット、刺繍の愛くるしいパーツ、
手縫いの温もりを感じるリネン素材のお洋服。
のちに仕事でフランスのアンティークショップをめぐる機会が増え、
いろんな表情をした古いお洋服に出会うたびに、
こんな服があったらいいな、あんな服が作りたいと思うようになりました。

素材は天然素材のものが好きです。
身につけて、ほっとする心地よさを重視しています。
パリっとした素材よりも、
経年変化したようなクタッとした風合いの生地で作ると、
肌あたりがよく、表情も生まれて、いとおしく感じます。

気負うことなく日常使いできて、
もっともっと大切に着たい、
そう思いながらのデザインのあれこれや素材選び。
でき上がれば、きっと素敵なお洋服になるはずです。

N / T

セーラーカラーのブラウス
サイドリボンのラップ風スカート

How to make P.64(N) / P.76(T)

E / P

後ろボタンの
ドルマンギャザープルオーバー

しっかりリネンのマリンパンツ

How to make P.45(E) / P.68(P)

U

ななめハンドステッチの
丸底トート

How to make P.79

A / S

ラッフル衿のブラウス
2段フリルのショール

How to make P.36(A) / P.74(S)

A/R

ラッフル衿のブラウス

ブロックチェックの
ローブコート

How to make P.36(A) / P.71(R)

G / K

ラグラン袖の
ダブルボタンジャケット
ツーウェイ気分のエプロンドレス

How to make P.50(G) / P.59(K)

H

2色づかいの
ワンピース

How to make P.52

O

ショールカラーの
ロングワンピース

How to make P.66

Detail

ボタン選び

素朴で古いものが好きな私は、アンティークのお洋服についているような
貝ボタンやくるみボタンを選ぶことが多いです。

くるみボタンは、それだけで個性が出る魔法のボタンに感じます。
着なくなった服、使わなくなったベッドリネン、
無地でなくても、リバティプリントのような可憐な花柄や
小さな水玉やストライプ模様でもおもしろいかもしれません。

ともあれ、小さな端ぎれがあればできるのです。
黒い布でボタンを作れば洋服がピリッと引き締まります。
同色でも、共布ではなく異素材で作れば、
とても味わい深い雰囲気が生まれます。

貝ボタンは、プラスチックにはない、宝石のような天然の輝きが好きです。
ブラウスやワンピースをシンプルで上品に仕上げたいときには大活躍！
MAGALIで使う貝ボタンは、白なら高瀬貝、黒ならタイラギ貝、
色味と形が美しいアコヤ貝などなど。
雰囲気に合わせて貝の種類を選んでいます。
ナチュラルに仕上げるなら生地に近い色のボタンを。
ちょっとしたアクセントに使うなら同色ではなく、
黒に白、白に黒、という風に存在感が出るように
工夫して楽しんでください。

Les P'tits Paysans
DANIEL VIDAL

Schoenhut

C / I

縞模様のクラシックブラウス
ふんわり裾のサロペットパンツ

How to make P.40(C) / P.54(I)

B / J

大きめフリル衿のブラウス
グレンチェックの
エプロンドレス

How to make P.38(B) / P.57(J)

How to make

作りはじめる前に

*この本の実物大パターンには、レディースのS、M、L、2Lサイズがあります。下記のサイズ表(ヌード寸法)と作品の出来上り寸法を目安に、お好みで選んでください。
*モデルはMサイズを着用しています。
*裁合せ図は、Mサイズを配置しています。サイズによっては配置や用尺が変わったり、Lサイズ、2Lサイズは指定の布幅で裁てない場合があるので、必ず確認してから布を購入しましょう。
*作り方イラスト内の数字の単位はcmです。

〈 この本のサイズ表 〉

	S	M	L	LL
身長	154	158	162	166
バスト	83	87	91	95
ウエスト	63	67	71	75
ヒップ	89	93	97	101

単位:cm

実物大パターンの使い方

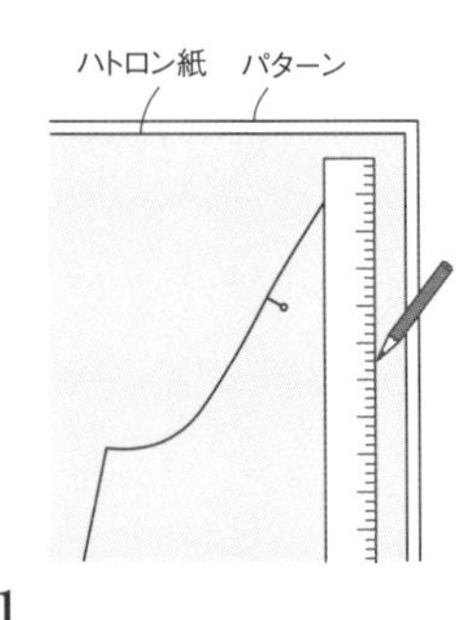
ハトロン紙
パターン

1

作りたい作品が決まったら、付録の実物大パターンにハトロン紙などの薄紙を重ね、鉛筆またはシャープペンシルで写します。各パーツの名称、合い印、布目線なども忘れずに写します。

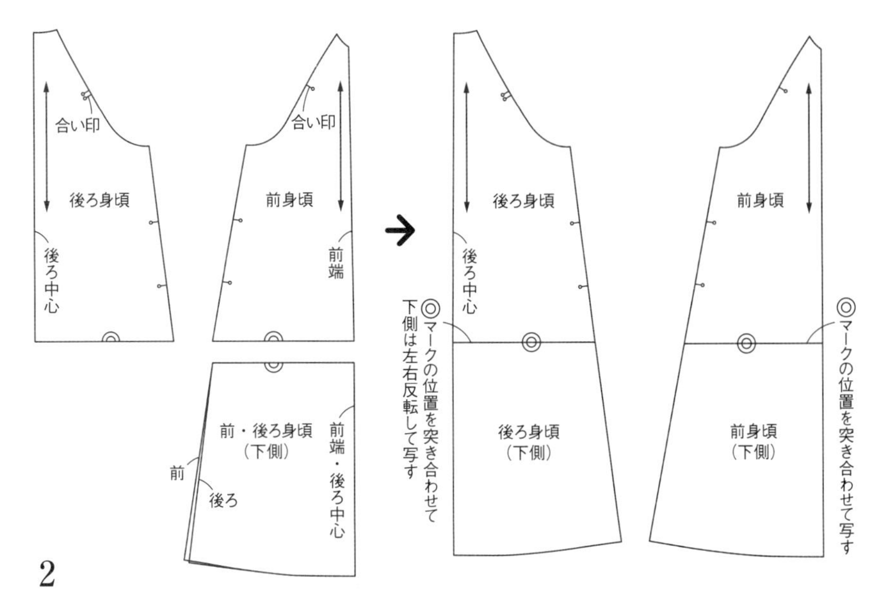
合い印
後ろ身頃
後ろ中心
合い印
前身頃
前端
前・後ろ身頃
（下側）
前端・後ろ中心
前
後ろ
◎マークの位置を突き合わせて下側は左右反転して写す
後ろ身頃
後ろ中心
後ろ身頃
（下側）
前身頃
◎マークの位置を突き合わせて写す
前身頃
（下側）

2

丈の長いパーツはパターンを2枚に切り離して入っているか、裾を延長する指定が入っています。図のように◎マークの位置で突き合わせて写します。上図の前・後ろ身頃（下側）のように同じパターン内に2枚のパターンが入っている場合があるので、左右反転して写すなどパターン内の指定どおりに注意して写します。

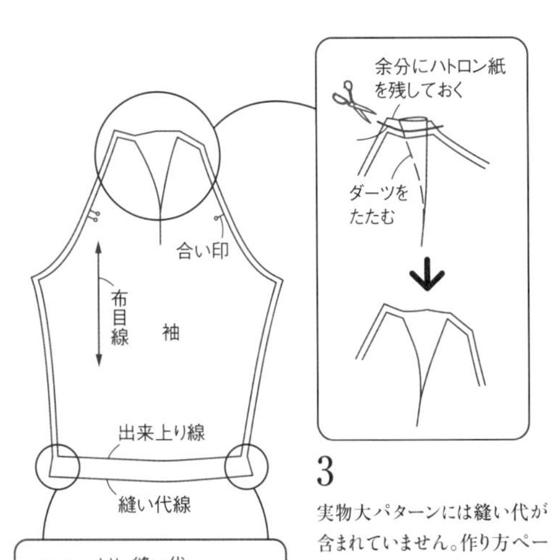
余分にハトロン紙を残しておく
ダーツをたたむ
合い印
布目線
袖
出来上り線
縫い代線
余分にハトロン紙を残しておく
縫い代
カット
出来上り線で折る

3

実物大パターンには縫い代が含まれていません。作り方ページの裁合せ図を参照して、出来上り線に平行に縫い代をつけます。ダーツ、袖口などは縫い代が不足しないよう、図のように縫い代をつけます。

パターン内の記号

布目線
矢印の方向に縦地を通す

わに裁つ線
この線を布の折り山に当て、左右対称のパーツにする

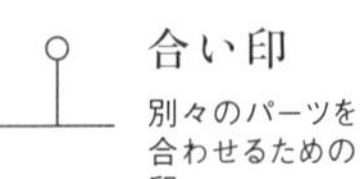

合い印
別々のパーツを合わせるための印

ギャザー
ギャザーを寄せる印

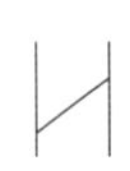

タック
斜線の高いほうから低いほうに向かって布をたたむ

ボタン、ボタンホール位置を写すときの注意点

1枚のパターンに複数のスタイルが入っている場合、ボタン、ボタンホール位置が重なり、分かりにくいため、片方をずらして記載しているか見返しなどに記載しています。

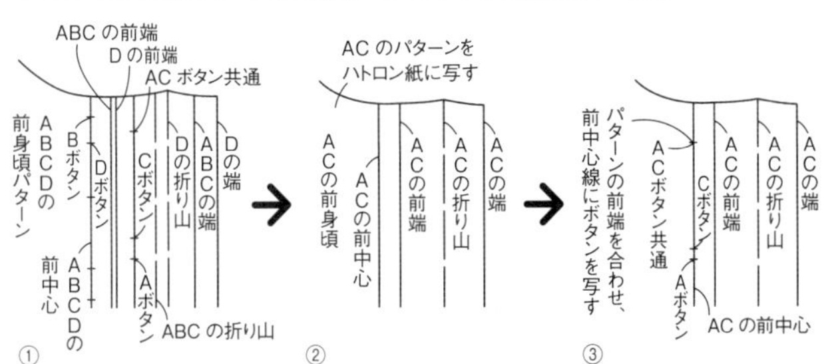
ABCの前端
Dの前端
ACボタン共通
ABCD の前身頃パターン
Bボタン
Dボタン
Cボタン
Dの折り山
ABCの端
Dの端
ABCDの前中心
Aボタン
ABCの折り山
ACのパターンをハトロン紙に写す
ACの前身頃
ACの前中心
ACの前端
ACの折り山
ACの端
パターンの前端を合わせ、前中心線にボタンを写す
ACボタン共通
Cボタン
Aボタン
ACの前端
ACの折り山
ACの端
ACの前中心

① A・B・C・Dのパターンの場合、B・Dはパターンどおりの位置にボタン位置が入っています。A・Cはボタン位置を右にずらして記載しています。ボタンホール位置は入っていません。

② ハトロン紙にA・Cのパターンを写します。

③ 紙を右にずらして前中心線にA・Cのボタンつけ位置を写します。ボタンホール位置はP.35を参照して作ります。

「わ」のパターンについて

「わ」は半分の状態です。布を半分に折って裁つか、「わ」の位置で左右対称に広げたパーツを作り、布を裁ちます。

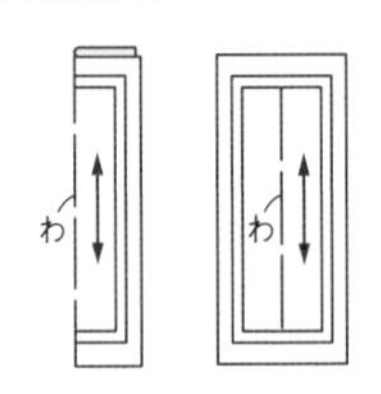
わ
わ

印つけ

厚紙を下敷きにし、布地の間に両面チョークペーパーをはさみ、ルレットで出来上り線をなぞって布地の裏面に印をつけます。

布地（裏）
布地（裏）
両面チョークペーパー
縫い代をつけたパターン
ルレット
出来上り線
厚紙

接着芯のはり方

布地に接着芯をはることで、伸び止めや形くずれを防ぐなどの役割があります。

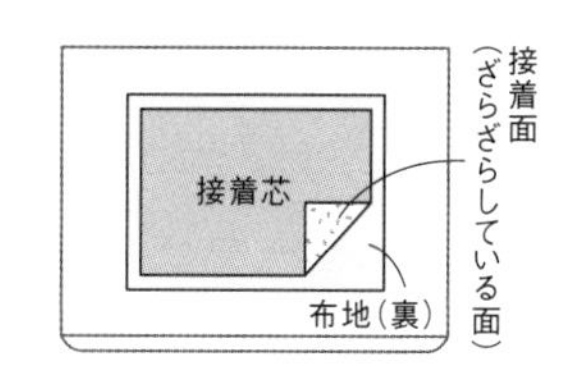
接着芯
接着面（ざらざらしている面）
布地（裏）

1
布地の裏面と接着芯のザラザラしている面を合わせます。

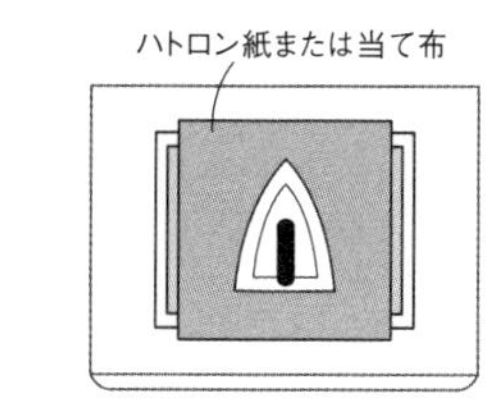
ハトロン紙または当て布

2
ハトロン紙（薄紙）または当て布をのせてドライアイロン（中温140〜160℃）をかけます。

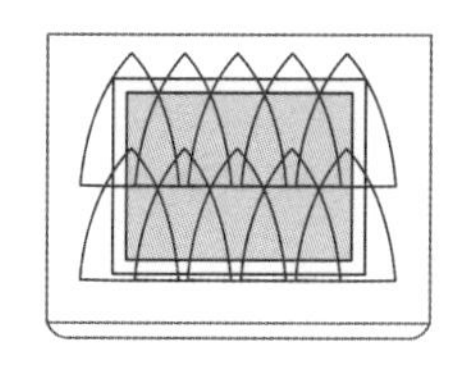

3
アイロンは滑らさないで、体重をかけて上から押さえます。少しずつずらしながらはり残しのないようにします。

布ループの作り方

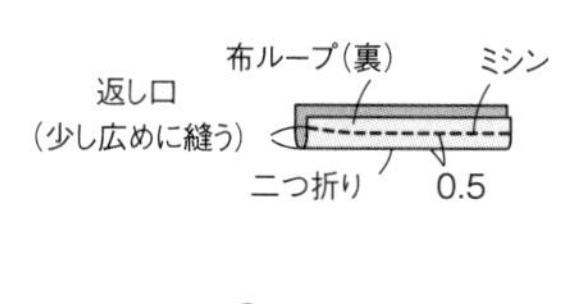
布ループ（裏）
ミシン
返し口
（少し広めに縫う）
二つ折り
0.5

1
布ループを中表に二つ折りにし、ミシンをかけます。片方の返し口を少し広めに縫います。

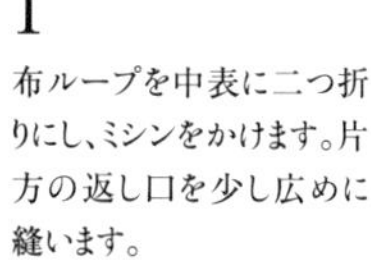
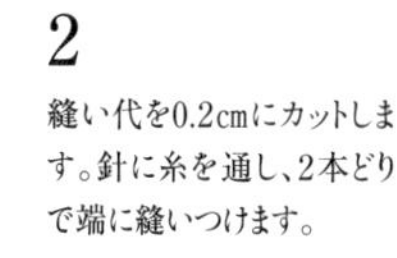
糸2本どりで
端に縫いつける
縫い代をカット
0.2

2
縫い代を0.2cmにカットします。針に糸を通し、2本どりで端に縫いつけます。

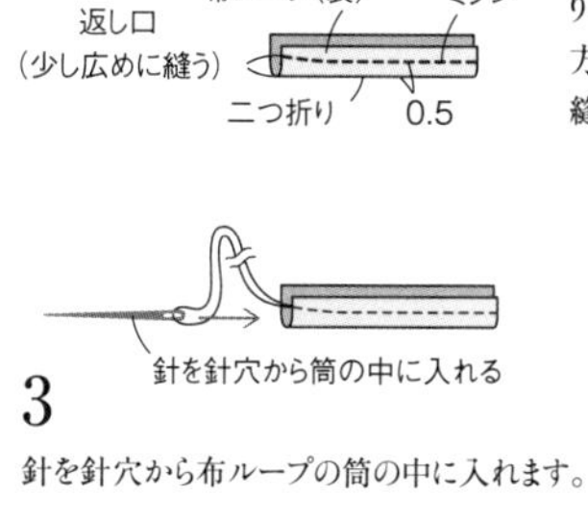
針を針穴から筒の中に入れる

3
針を針穴から布ループの筒の中に入れます。

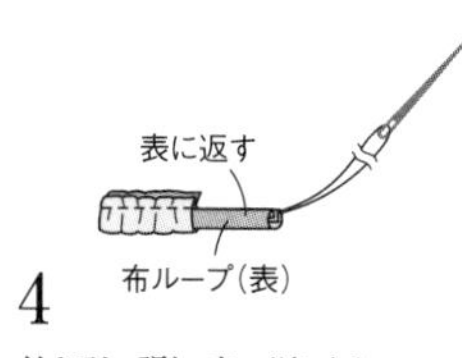
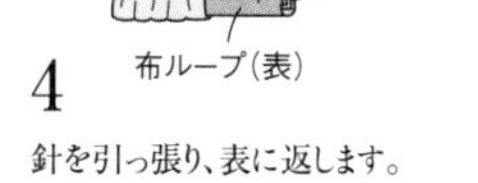
表に返す
布ループ（表）

4
針を引っ張り、表に返します。

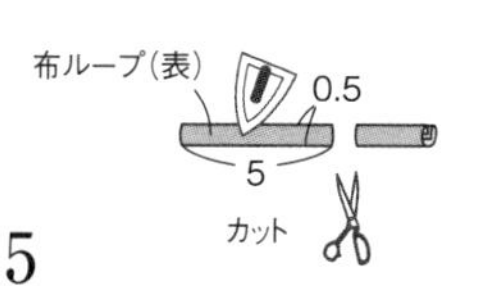
布ループ（表）
0.5
5
カット

5
アイロンで形を整え、必要な寸法にカットします。

折伏せ縫い

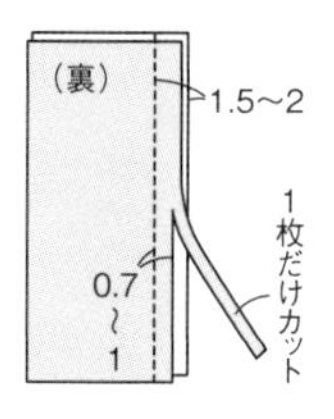
（裏）
1.5〜2
1枚だけカット
0.7〜1

1
中表に合わせて縫います。縫い代を倒す側の縫い代を0.7〜1cmにカットします。

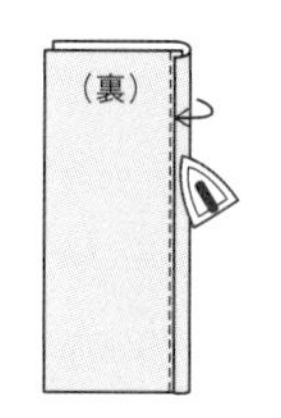
（裏）

2
広いほうの縫い代で狭いほうをくるむようにアイロンで折ります。

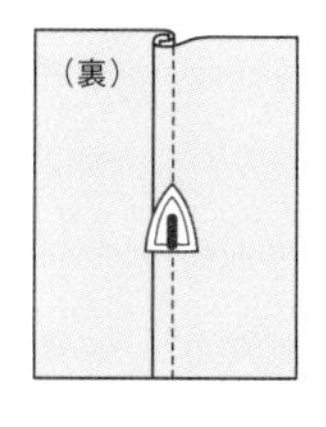
（裏）

3
2の縫い代を1でカットした側に倒し、アイロンで整えます。

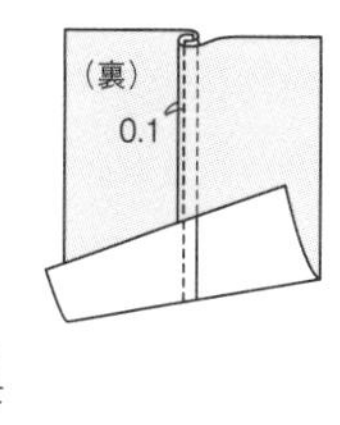
（裏）
0.1

4
2の折り山の際にミシンをかけます。

バイアス布の作り方

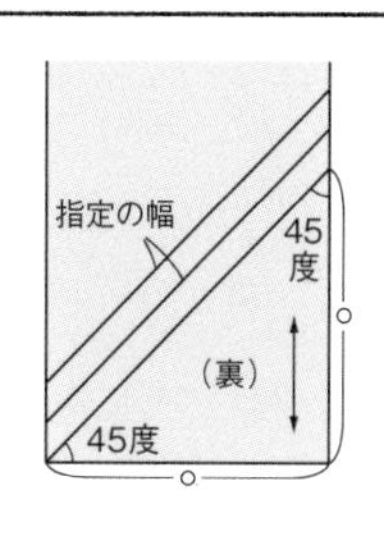
指定の幅
45度
（裏）
45度

1
45度の角度でテープ状にカットします。長さはつけ寸法+2〜3cm。必要な長さを1枚でカットできないときは、はぎ合わせて作ります。

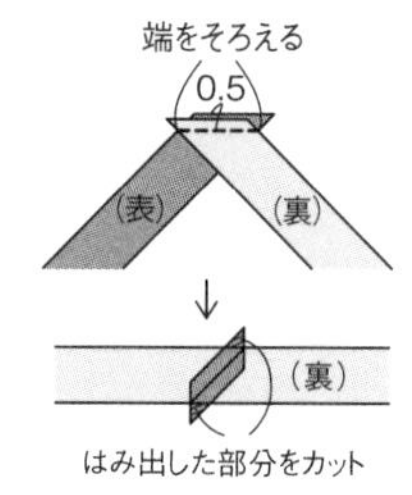
端をそろえる
0.5
（表）
（裏）
（裏）
はみ出した部分をカット

2
はぎ合わせるときは、中表に合わせて縫い、縫い代を割ります。はみ出した縫い代はカットします。

くるみボタンの作り方

専用の道具が必要なため、市販のキットで作るか、お好みのボタンを使用してください。

ボタンホールの作り方

ボタンホールの寸法は「ボタンの直径+厚み」。横穴のボタンホール位置は、中心線のボタンつけ位置から0.2〜0.3cm前端側に作ります。縦穴のボタンホール位置はボタンつけ位置を中心にして作ります。

〈ボタンホールの寸法〉　〈ボタンホール位置〉

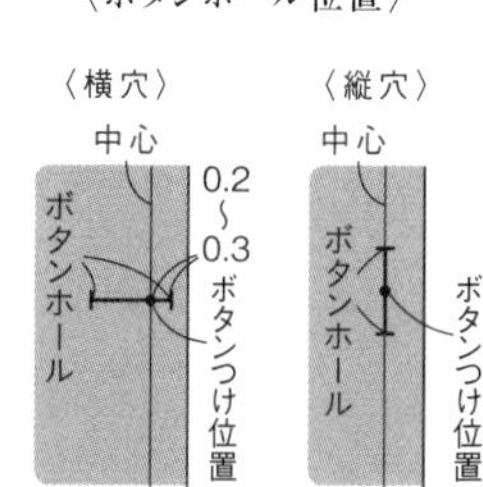
ボタンの直径+厚み
直径
厚み分
ボタン
〈横穴〉
中心
0.2〜0.3
ボタンホール
ボタンつけ位置
〈縦穴〉
中心
ボタンホール
ボタンつけ位置

A ラッフル衿のブラウス

Photo / P.06、P.21、P.22　実物大パターン A 面

ふっくらした手触りのリネンで作った白いブラウス。生地を折ってでき上がるラッフルの衿は、上品な雰囲気。アイボリー色の端ぎれで作ったくるみボタンをあしらい、時代を経たアンティークのようにしてみました。貝ボタンだと清楚な感じに仕上がります。

［ 材料 ］※左からS/M/L/2Lサイズ
表布（DARUMA FABRIC　Butterfly 〈リネンローン〉 Shiro）
…112 cm幅 2m40 cm /2m40 cm /2m50 cm /2m50 cm
接着芯…90 cm幅 50 cm
山高くるみボタン…直径 1.1 cmを 9 個

［ 出来上り寸法 ］※左からS/M/L/2Lサイズ
バスト…120/124/128/132 cm
着丈…64/65/66/67 cm
袖丈…48.5/49.5/50.5/51.5 cm

［ 裁合せ図 ］

112 cm幅
衿フリル（1枚）
わ
袖（2枚）
カフス（2枚）
台衿（2枚）
（表）
2.5
12
袖口パイピング布（2枚）
わ
布を切ってたたみ直す
240
240
250
250
cm
前（2枚）
前端
0
裏ヨーク（1枚）
1.6
後ろ（1枚）
スリット止り
1
1.4
表ヨーク（1枚）
1.6
112 cm幅

※指定以外の縫い代は 1 cm
※ ［網かけ］ は裏に接着芯をはる
※数字は上からS/M/L/2Lサイズ
※袖口パイピング布は裁ち方図の寸法で直接布をカットする

［ 縫い方 ］ 準備：表台衿、裏台衿、カフスに接着芯をはる。

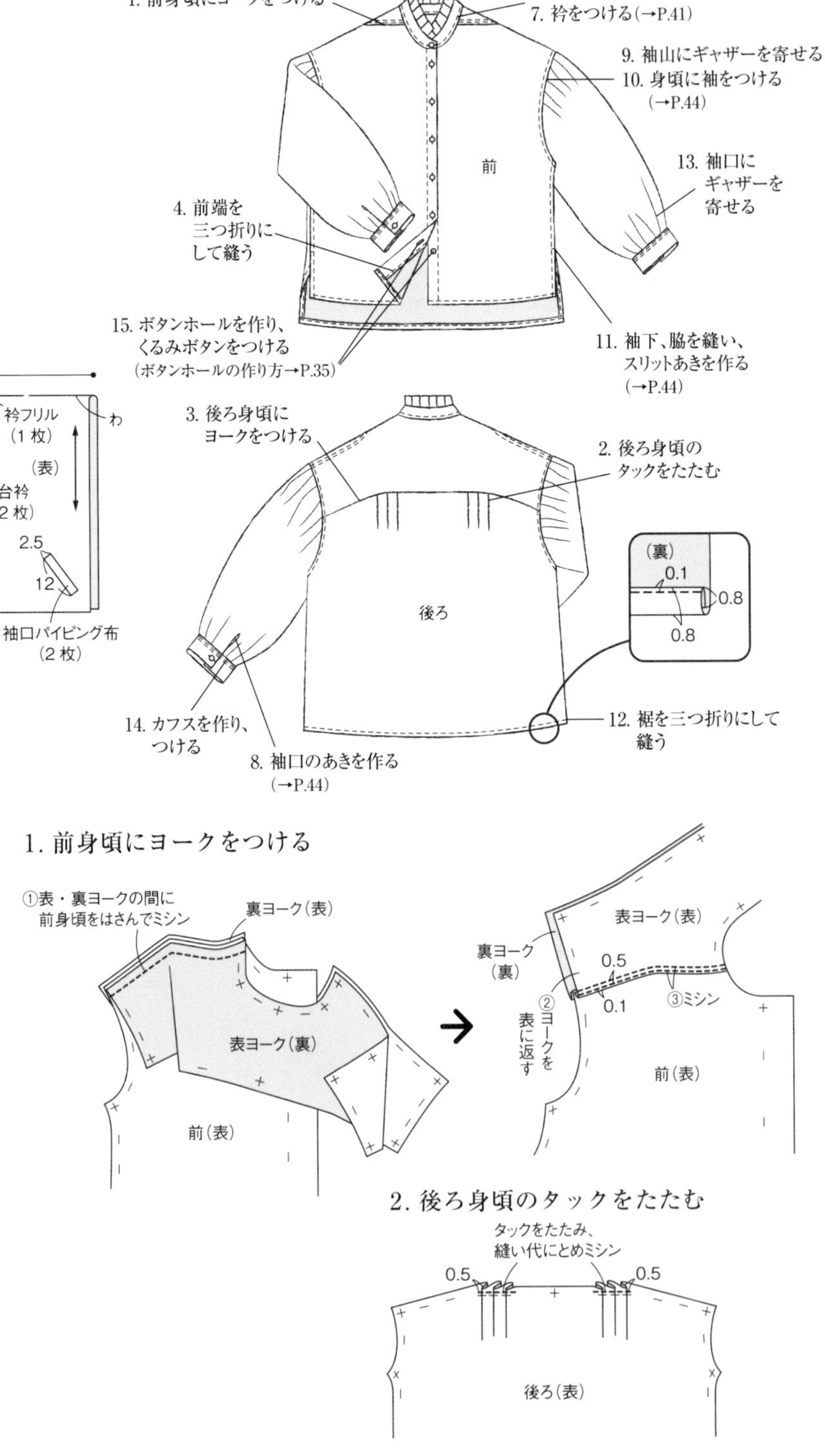

5. 衿フリルを作る（→P.41）
1. 前身頃にヨークをつける
6. 衿を作る（→P.41）
7. 衿をつける（→P.41）
9. 袖山にギャザーを寄せる
10. 身頃に袖をつける（→P.44）
前
13. 袖口にギャザーを寄せる
4. 前端を三つ折りにして縫う
15. ボタンホールを作り、くるみボタンをつける（ボタンホールの作り方→P.35）
11. 袖下、脇を縫い、スリットあきを作る（→P.44）
3. 後ろ身頃にヨークをつける
2. 後ろ身頃のタックをたたむ
（裏）
0.1
0.8
0.8
後ろ
14. カフスを作り、つける
8. 袖口のあきを作る（→P.44）
12. 裾を三つ折りにして縫う
1. 前身頃にヨークをつける
①表・裏ヨークの間に前身頃をはさんでミシン
裏ヨーク（表）
表ヨーク（裏）
前（表）
表ヨーク（表）
裏ヨーク（裏）
0.5
0.1
③ミシン
②ヨークを表に返す
前（表）
2. 後ろ身頃のタックをたたむ
タックをたたみ、縫い代にとめミシン
0.5
0.5
後ろ（表）

3. 後ろ身頃にヨークをつける

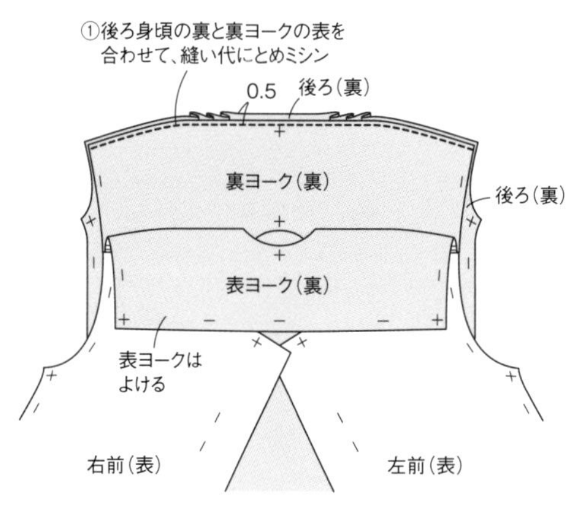

①後ろ身頃の裏と裏ヨークの表を合わせて、縫い代にとめミシン
0.5
後ろ(裏)
裏ヨーク(裏)
後ろ(裏)
表ヨーク(裏)
表ヨークはよける
右前(表)
左前(表)

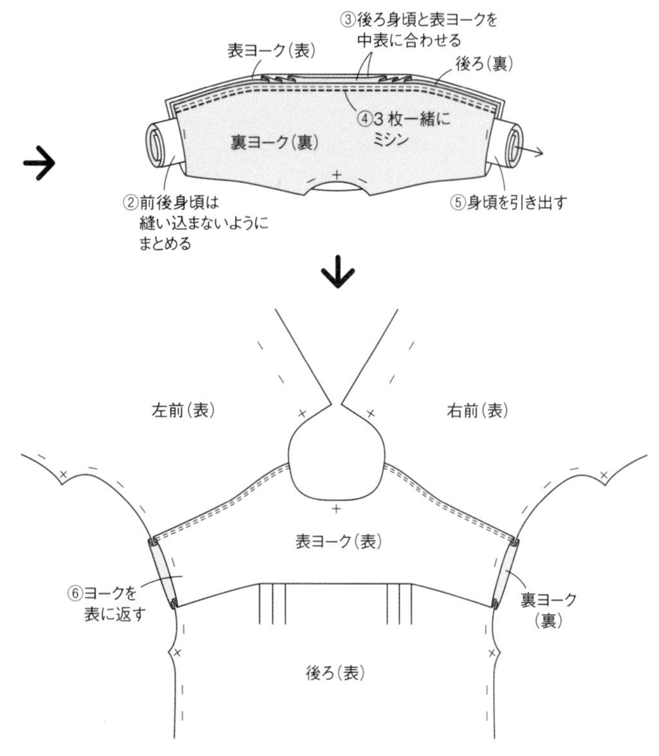

③後ろ身頃と表ヨークを中表に合わせる
表ヨーク(表)
後ろ(裏)
④3枚一緒にミシン
裏ヨーク(裏)
②前後身頃は縫い込まないようにまとめる
⑤身頃を引き出す
左前(表)
右前(表)
表ヨーク(表)
⑥ヨークを表に返す
裏ヨーク(裏)
後ろ(表)

4. 前端を三つ折りにして縫う

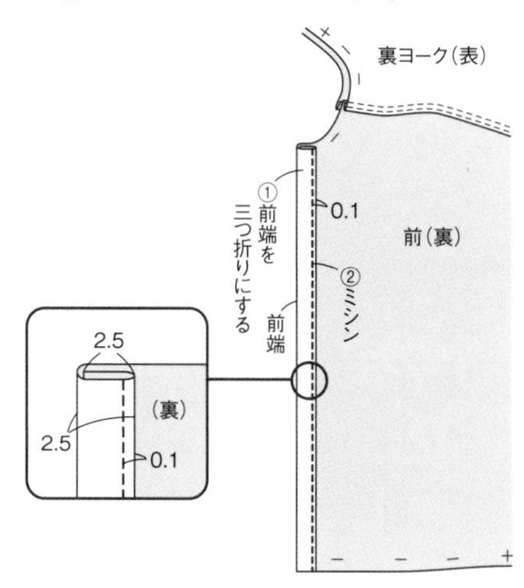

裏ヨーク(表)
①前端を三つ折りにする
0.1
前(裏)
②ミシン
前端
2.5
(裏)
2.5
0.1

9. 袖山にギャザーを寄せる

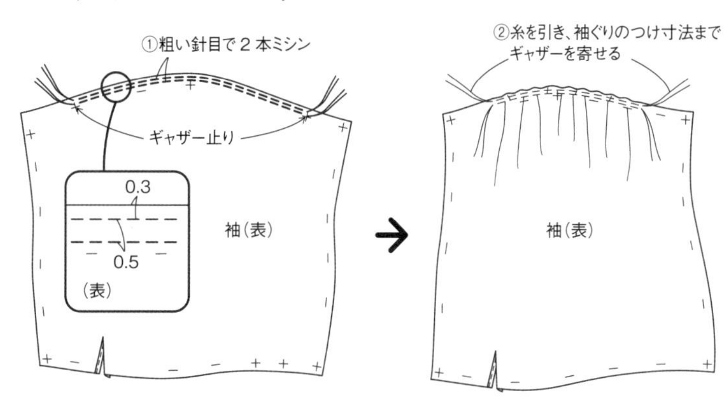

①粗い針目で2本ミシン
ギャザー止り
0.3
0.5
(表)
袖(表)
②糸を引き、袖ぐりのつけ寸法までギャザーを寄せる
袖(表)

13. 袖口にギャザーを寄せる

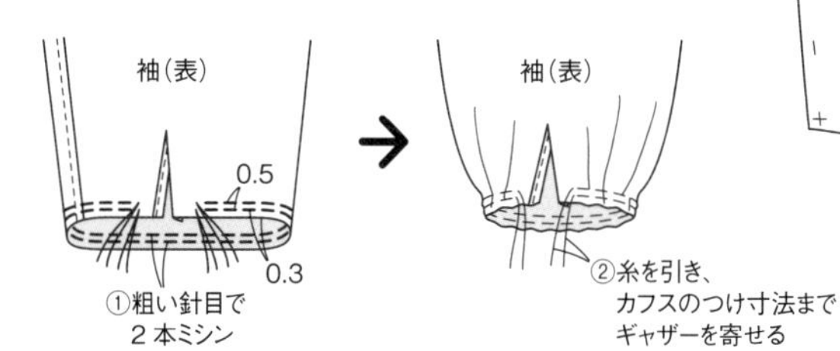

袖(表)
0.5
0.3
①粗い針目で2本ミシン
袖(表)
②糸を引き、カフスのつけ寸法までギャザーを寄せる

14. カフスを作り、つける

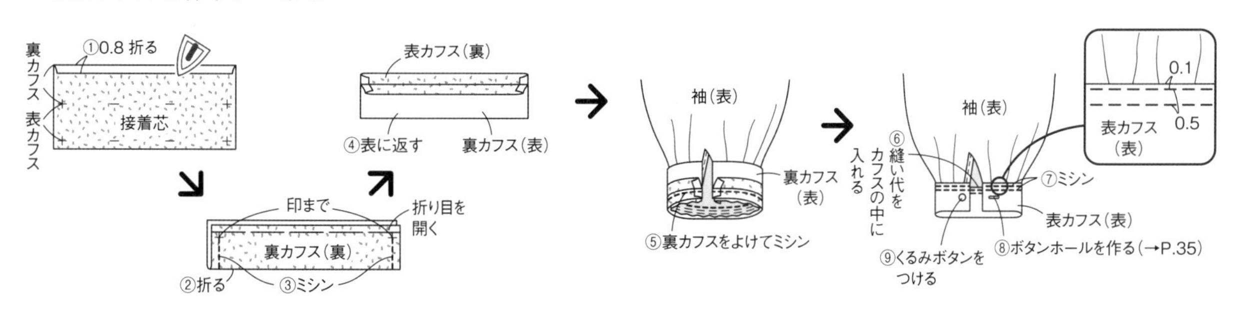

①0.8折る
裏カフス
表カフス
接着芯
印まで
折り目を開く
裏カフス(裏)
②折る
③ミシン
表カフス(裏)
④表に返す
裏カフス(表)
袖(表)
裏カフス(表)
⑤裏カフスをよけてミシン
袖(表)
⑥縫い代をカフスの中に入れる
⑦ミシン
表カフス(表)
⑧ボタンホールを作る(→P.35)
⑨くるみボタンをつける
0.1
0.5
表カフス(表)

B 大きめフリル衿のブラウス

Photo / P.10、P.31　実物大パターン A、C 面

洗いざらしの風合いで着心地のいい、ベルギーリネンで作ったフレンチスリーブのブラウス。フリルの存在感が大きいので、衿以外はシンプルに。甘くなりすぎないよう、シックな色をつかい、袖口は折り返しにしています。衿の色をブラックなどにしても。

［ 材料 ］※左からS/M/L/2L サイズ
表布（APUHOUSE FABRIC　洗いをかけた 60/1 番手ベルギーリネンローン ナチュラルダイド加工 無地 天然染め アッシュグレー）
…112 cm幅 1m60 cm /1m60 cm /1m60 cm /1m60 cm
接着芯…90 cm幅 60 cm
ボタン…直径 1.1 cmを 10 個

［ 出来上り寸法 ］※左からS/M/L/2L サイズ
バスト…105/109/113/117 cm
着丈…61/62/63/64 cm

［ 縫い方 ］ 準備：カフスに接着芯をはる。

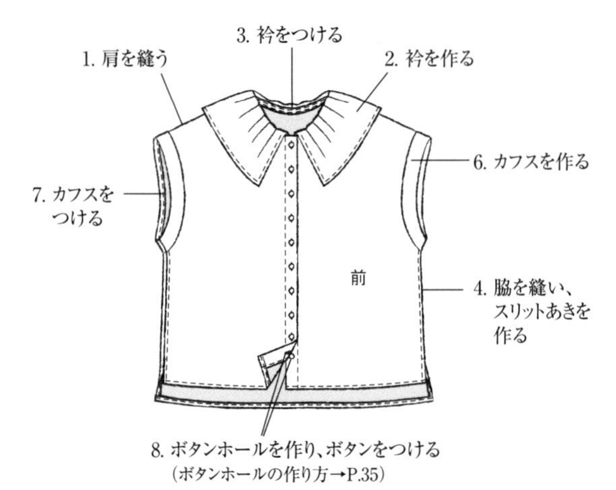

1. 肩を縫う
3. 衿をつける
2. 衿を作る
6. カフスを作る
7. カフスをつける
前
4. 脇を縫い、スリットあきを作る
8. ボタンホールを作り、ボタンをつける
（ボタンホールの作り方→P.35）

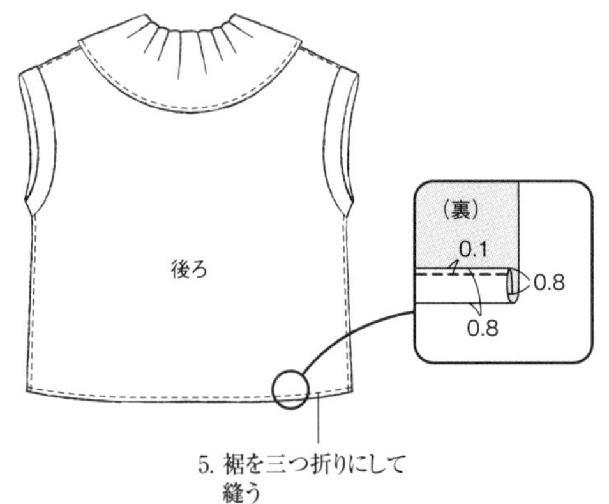

後ろ
（裏）
0.1
0.8
0.8
5. 裾を三つ折りにして縫う

［ 裁合せ図 ］

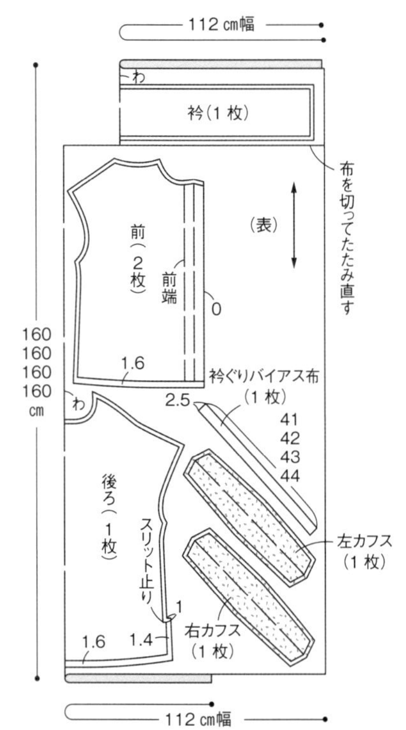

112 cm幅
わ
衿（1 枚）
布を切ってたたみ直す
前（2枚）
前端
（表）
0
160
160
160
160
cm
1.6
衿ぐりバイアス布（1 枚）
2.5
41
42
43
44
わ
後ろ（1枚）
スリット止り
1
左カフス（1 枚）
右カフス（1 枚）
1.6
1.4
112 cm幅

※指定以外の縫い代は 1 cm
※ ▒ は裏に接着芯をはる
※数字は上から S/M/L/2L サイズ
※衿ぐりバイアス布は裁ち方図の寸法で直接布をカットする

1. 肩を縫う

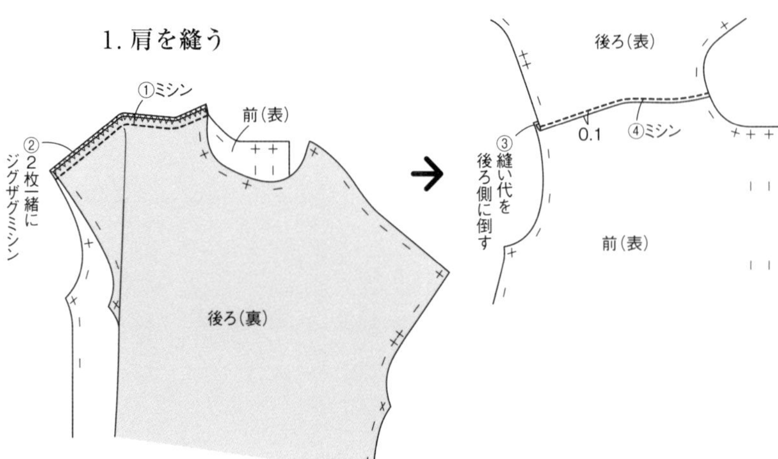

①ミシン
②2枚一緒にジグザグミシン
前（表）
後ろ（裏）
後ろ（表）
0.1
④ミシン
③縫い代を後ろ側に倒す
前（表）

2. 衿を作る

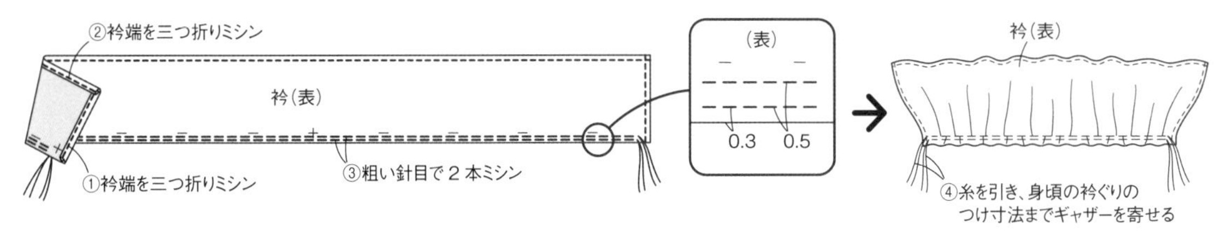
②衿端を三つ折りミシン
衿（表）
①衿端を三つ折りミシン
③粗い針目で２本ミシン
（表）
0.3
0.5
衿（表）
④糸を引き、身頃の衿ぐりの
つけ寸法までギャザーを寄せる

3. 衿をつける

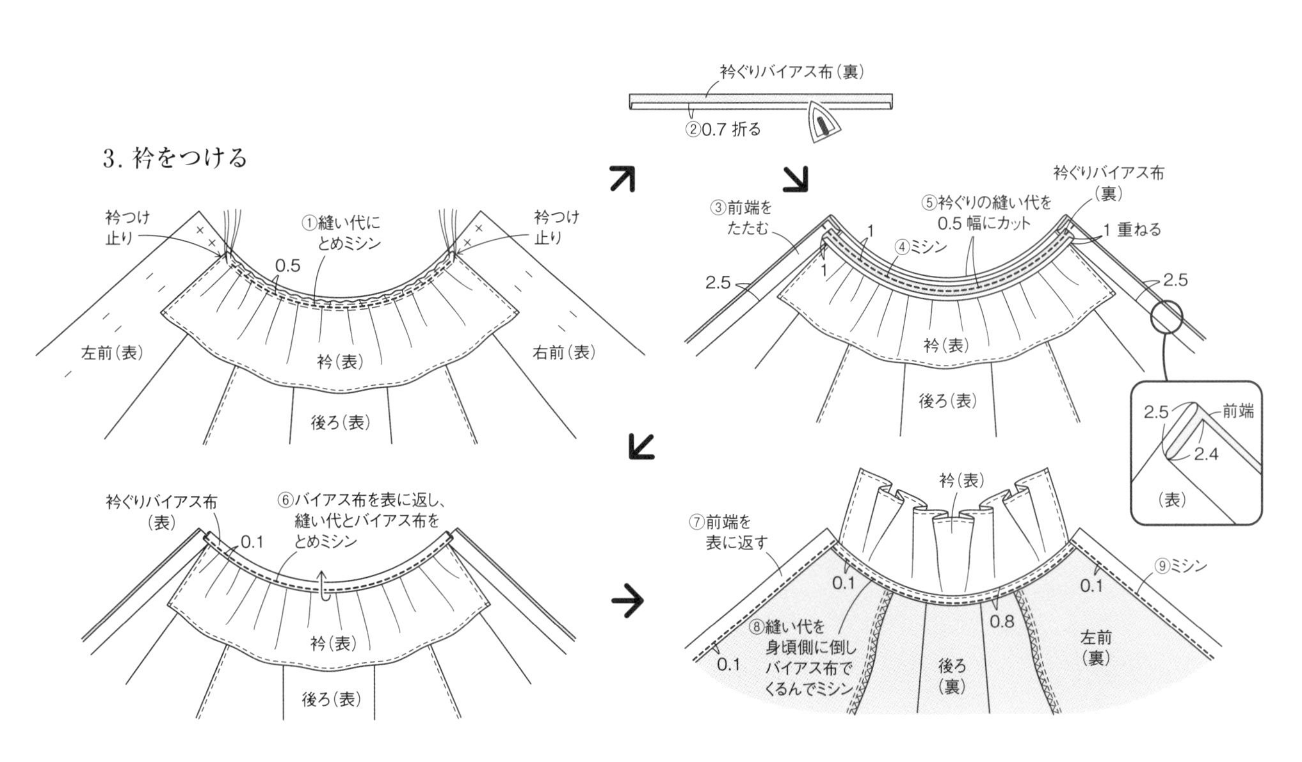
衿ぐりバイアス布（裏）
②0.7 折る
衿つけ
止り
①縫い代に
とめミシン
0.5
衿つけ
止り
左前（表）
衿（表）
右前（表）
後ろ（表）
③前端を
たたむ
⑤衿ぐりの縫い代を
0.5 幅にカット
衿ぐりバイアス布
（裏）
1
④ミシン
1 重ねる
1
2.5
2.5
衿（表）
後ろ（表）
2.5
前端
2.4
（表）
衿ぐりバイアス布
（表）
⑥バイアス布を表に返し、
縫い代とバイアス布を
とめミシン
0.1
衿（表）
後ろ（表）
衿（表）
⑦前端を
表に返す
⑨ミシン
0.1
0.1
⑧縫い代を
身頃側に倒し
バイアス布で
くるんでミシン
0.8
0.1
後ろ
（裏）
左前
（裏）

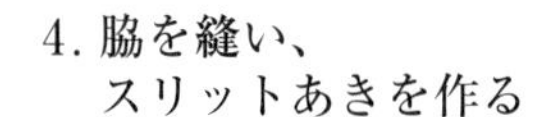

4. 脇を縫い、スリットあきを作る

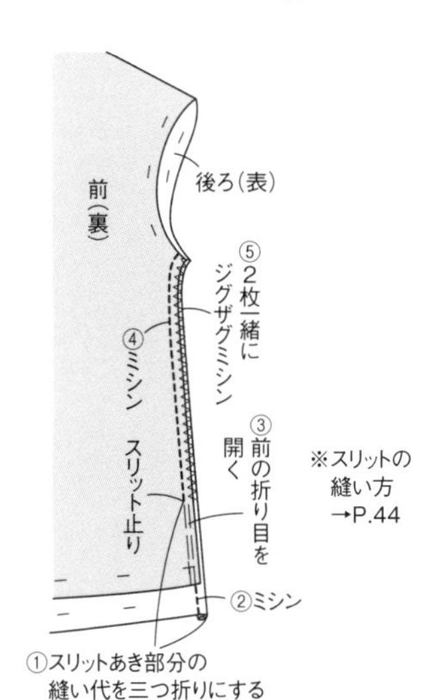
前（裏）
後ろ（表）
⑤2枚一緒に
ジグザグミシン
④ミシン
③前の折り目を
開く
スリット止り
②ミシン
①スリットあき部分の
縫い代を三つ折りにする

※スリットの
縫い方
→P.44

6. カフスを作る

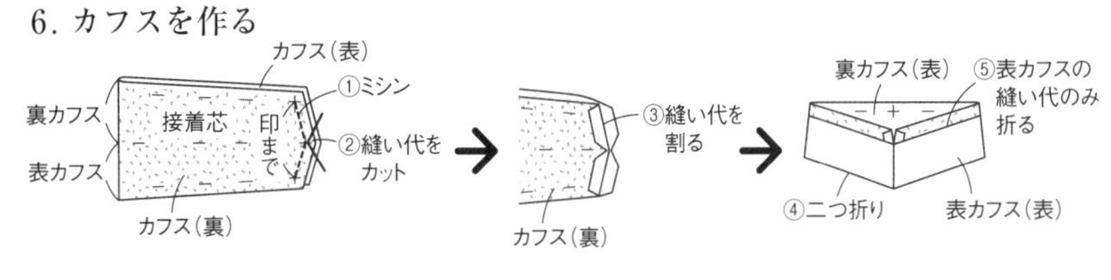
カフス（表）
①ミシン
裏カフス
接着芯
印まで
②縫い代を
カット
表カフス
カフス（裏）
③縫い代を
割る
カフス（裏）
裏カフス（表）
⑤表カフスの
縫い代のみ
折る
④二つ折り
表カフス（表）

7. カフスをつける

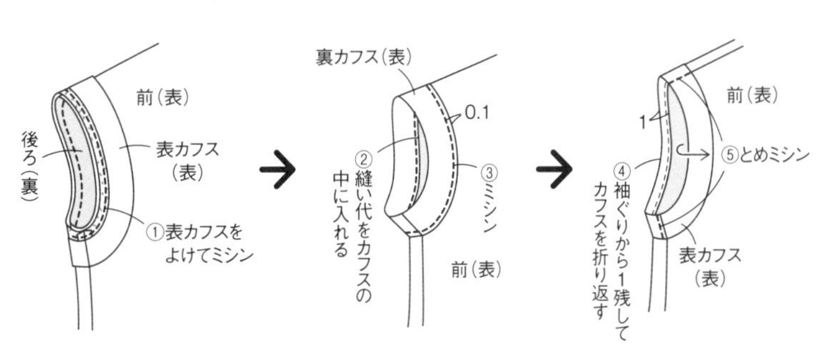
前（表）
後ろ（裏）
表カフス
（表）
①表カフスを
よけてミシン
裏カフス（表）
0.1
②縫い代をカフスの
中に入れる
③ミシン
前（表）
前（表）
1
⑤とめミシン
④袖ぐりから1残して
カフスを折り返す
表カフス
（表）

C 縞模様のクラシックブラウス

Photo / P.12、P.30　実物大パターン A 面

ラッフル衿のブラウスを半袖に変えて、風合いのいいコットンリネンのストライプで作ったブラウス。胸もとにポケットをつけるだけで、大人の女性らしい知的な雰囲気が生まれました。パンツとのコーディネイトにもおすすめです。

［ 材料 ］※左からS/M/L/2Lサイズ
表布（Pres-de　コットンリネン 綿麻生地 先染めワッシャー加工 ネップ混 ロンドンストライプ 生成りにネイビー）
…108 cm幅 2m10 cm /2m10 cm /2m10 cm /2m10 cm
別布（シーチング）
…40 × 70 cm /70 cm /70 cm /70 cm
接着芯…90 cm幅 50 cm
ボタン…直径 1.2 cmを 8 個

［ 出来上り寸法 ］※左からS/M/L/2Lサイズ
バスト…120/124/128/132 cm
着丈…64/65/66/67 cm
袖丈…12/13/14/15 cm

［ 縫い方 ］ 準備：表台衿、裏台衿、袖口見返しに接着芯をはる。
ポケットの縫い代にジグザグミシンをかける。

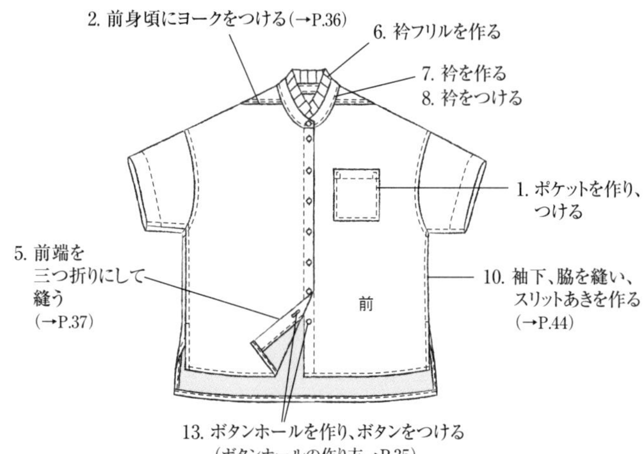

2. 前身頃にヨークをつける（→P.36）
6. 衿フリルを作る
7. 衿を作る
8. 衿をつける
1. ポケットを作り、つける
5. 前端を三つ折りにして縫う（→P.37）
前
10. 袖下、脇を縫い、スリットあきを作る（→P.44）
13. ボタンホールを作り、ボタンをつける（ボタンホールの作り方→P.35）
9. 身頃に袖をつける（→P.44）
4. 後ろ身頃にヨークをつける（→P.37）
3. 後ろ身頃のタックをたたむ（→P.36）
12. 袖口見返しを作り、つける
後ろ
（裏）
0.1
0.8
0.8
11. 裾を三つ折りにして縫う

［ 裁合せ図 ］

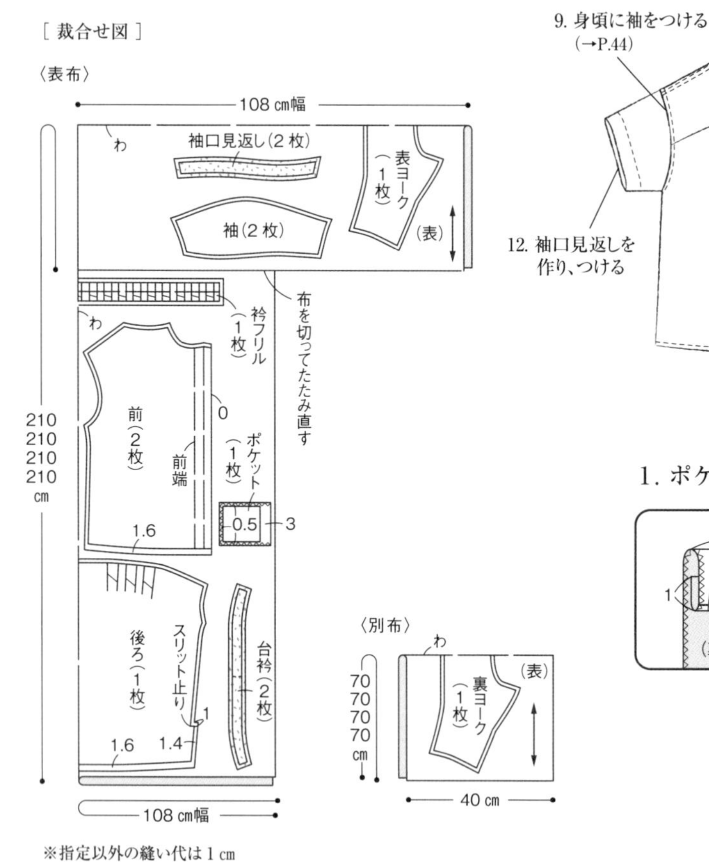

〈表布〉
108 cm幅
わ
袖口見返し（2枚）
表ヨーク（1枚）
袖（2枚）
（表）
衿フリル（1枚）
布を切ってたたみ直す
わ
前（2枚）
前端
0
ポケット（1枚）
0.5
3
1.6
210
210
210
210
cm
後ろ（1枚）
スリット止り
1
1.4
1.6
台衿（2枚）
108 cm幅
〈別布〉
わ
裏ヨーク（1枚）
（表）
70
70
70
70
cm
40 cm

※指定以外の縫い代は 1 cm
※ ▨ は裏に接着芯をはる
※ ╲╱╲╱ は縫い代にジグザグミシンをかける
※数字は上からS/M/L/2Lサイズ

1. ポケットを作り、つける

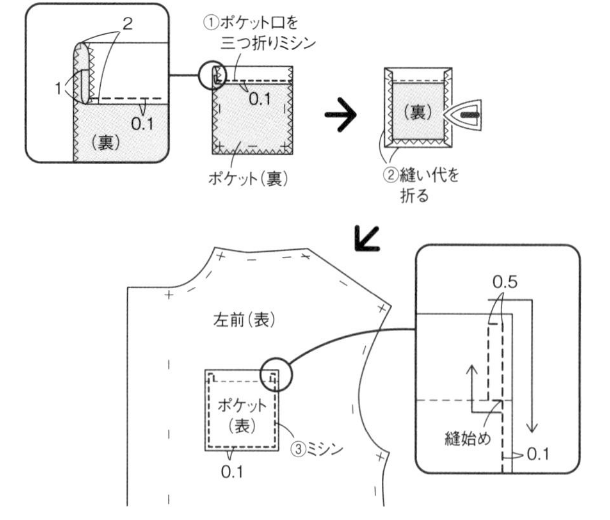

2
1
0.1
（裏）
①ポケット口を三つ折りミシン
0.1
ポケット（裏）
（裏）
②縫い代を折る
左前（表）
ポケット（表）
③ミシン
0.1
0.5
縫始め
0.1

6. 衿フリルを作る

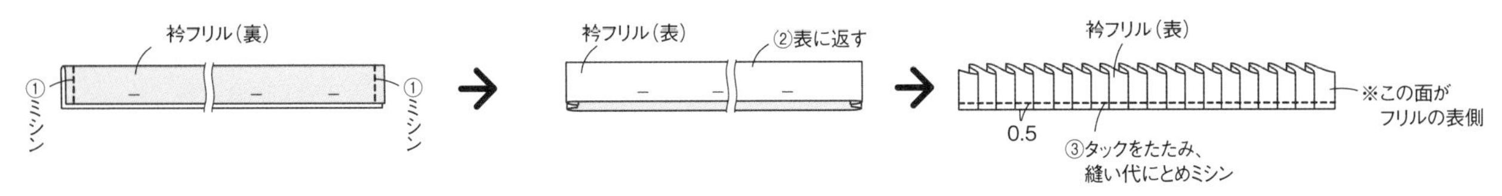
衿フリル(裏)
①ミシン
①ミシン
衿フリル(表)
②表に返す
衿フリル(表)
※この面がフリルの表側
0.5
③タックをたたみ、縫い代にとめミシン

7. 衿を作る

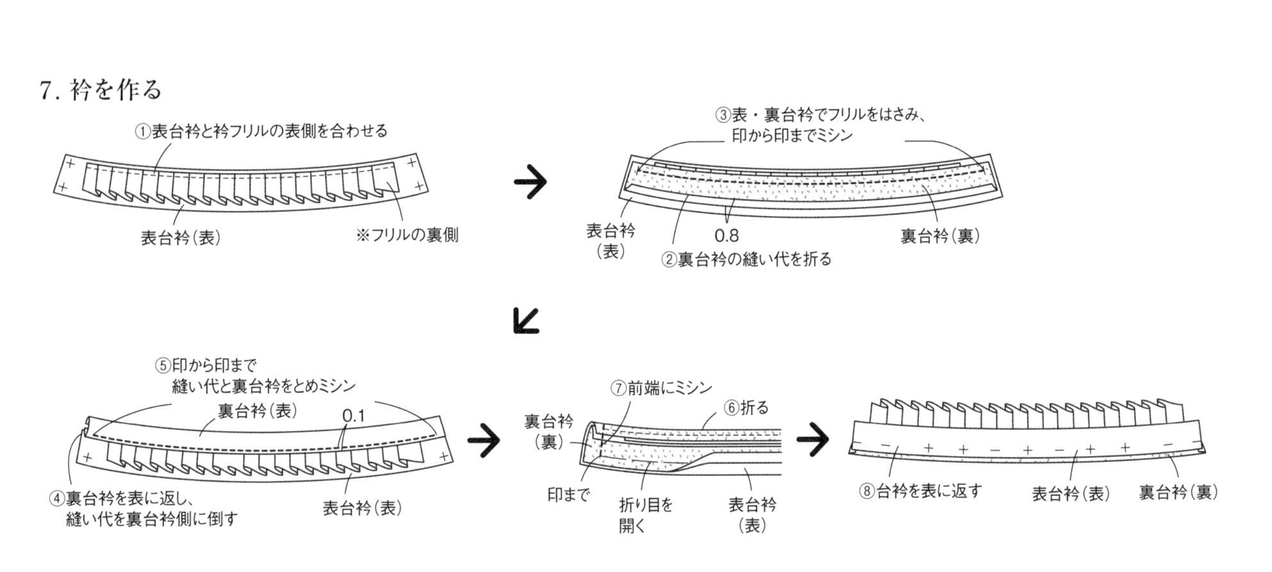
①表台衿と衿フリルの表側を合わせる
表台衿(表)
※フリルの裏側
③表・裏台衿でフリルをはさみ、印から印までミシン
表台衿(表)
0.8
②裏台衿の縫い代を折る
裏台衿(裏)
⑤印から印まで縫い代と裏台衿をとめミシン
裏台衿(表)
0.1
④裏台衿を表に返し、縫い代を裏台衿側に倒す
表台衿(表)
⑦前端にミシン
⑥折る
裏台衿(裏)
印まで
折り目を開く
表台衿(表)
⑧台衿を表に返す
表台衿(表)
裏台衿(裏)

8. 衿をつける

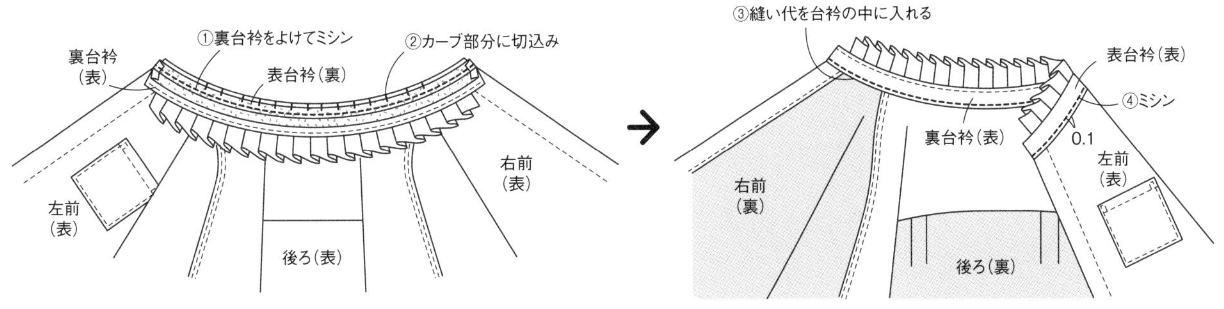
裏台衿(表)
①裏台衿をよけてミシン
表台衿(裏)
②カーブ部分に切込み
左前(表)
右前(表)
後ろ(表)
③縫い代を台衿の中に入れる
表台衿(表)
④ミシン
0.1
裏台衿(表)
右前(裏)
左前(表)
後ろ(裏)

12. 袖口見返しを作り、つける

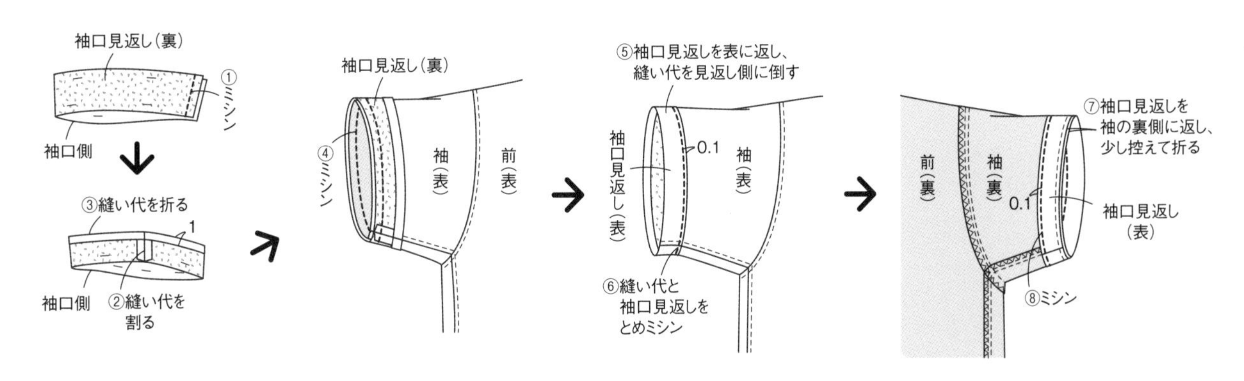
袖口見返し(裏)
①ミシン
袖口側
③縫い代を折る
1
袖口側
②縫い代を割る
袖口見返し(裏)
④ミシン
袖(表)
前(表)
⑤袖口見返しを表に返し、縫い代を見返し側に倒す
袖口見返し(表)
0.1
袖(表)
⑥縫い代と袖口見返しをとめミシン
前(裏)
袖(裏)
0.1
⑦袖口見返しを袖の裏側に返し、少し控えて折る
袖口見返し(表)
⑧ミシン

D スクエア衿のワンピース

Photo / P.13、P.29 実物大パターン A 面

女学生のような、大きな四角い白い衿。ノスタルジックなシャツワンピースをネイビーのストライプで作りました。子どもっぽくならないように、ゆとりのある身幅と長めの丈で、安心感のあるシルエットに仕上げています。ノーカラーコートの上から衿だけ出すなど重ねて着ても楽しいアイテムです。BやCを参考に袖丈をアレンジしても。

［ 材料 ］※左からS/M/L/2Lサイズ
表布（ソールパーノ　先染綿 麻ネップシーチング ストライプネイビー）
…108 cm幅 3m40 cm /3m40 cm /3m50 cm /3m50 cm
別布 A（ソールパーノ　麻キャンブリックワッシャー ホワイト）
…112 cm幅 70 cm /70 cm /80 cm /80 cm
別布 B（シーチング）
…90 cm幅 30 cm /30 cm /30 cm /30 cm
接着芯…90 cm幅 60 cm
ボタン…直径 1.1 cmを 12 個

［ 出来上り寸法 ］※左からS/M/L/2Lサイズ
バスト…123/127/131/135 cm
着丈…112/113.5/115/116.5 cm
袖丈…45/46/47/48 cm

［ 縫い方 ］
準備：ポケットのポケット口、表衿、表台衿、裏台衿、カフスに接着芯をはる。ポケットの縫い代にジグザグミシンをかける。

8. 衿をつける（→P.41）
2. 前身頃にヨークをつける（→P.36）
6. 衿を作る
7. 衿に台衿をつける
10. 身頃に袖をつける
9. 袖口のあきを作る
1. ポケットを作り、つける
13. 袖口のタックをたたむ
5. 前端を三つ折りにして縫う
前
11. 袖下、脇を縫い、スリットあきを作る
15. ボタンホールを作り、ボタンをつける（ボタンホールの作り方→P.35）
4. 後ろ身頃にヨークをつける（→P.37）
3. 後ろ身頃のタックをたたむ（→P.36）
14. カフスを作り、つける（→P.37）
後ろ
（裏）
0.1
1
2
12. 裾を三つ折りにして縫う
［ 裁合せ図 ］
〈別布 A〉
わ
（表）
裏衿（1 枚）
表衿（1 枚）
台衿（2 枚）
70
70
80
80
cm
112 cm幅
〈別布 B〉
裏ヨーク（1 枚）
30
30
30
30
cm
90 cm幅
〈表布〉
108 cm幅
袖口パイピング布（2 枚）
2.5
14
ポケット（2 枚）
表ヨーク（1 枚）
0
布を切ってたたみ直す
袖（2 枚）
前（2 枚）
前端
3
340
340
350
350
cm
後ろ（1 枚）
カフス（2 枚）
スリット止り
1
1.4
※指定以外の縫い代は 1 cm
※ は裏に接着芯をはる
※ は縫い代にジグザグミシンをかける
※数字は上から S ／ M ／ L ／ 2L サイズ
※袖口パイピング布は裁ち方図の寸法で直接布をカットする
※前身頃のパターンは ◎ で突き合わせて写す

1. ポケットを作り、つける

5. 前端を三つ折りにして縫う

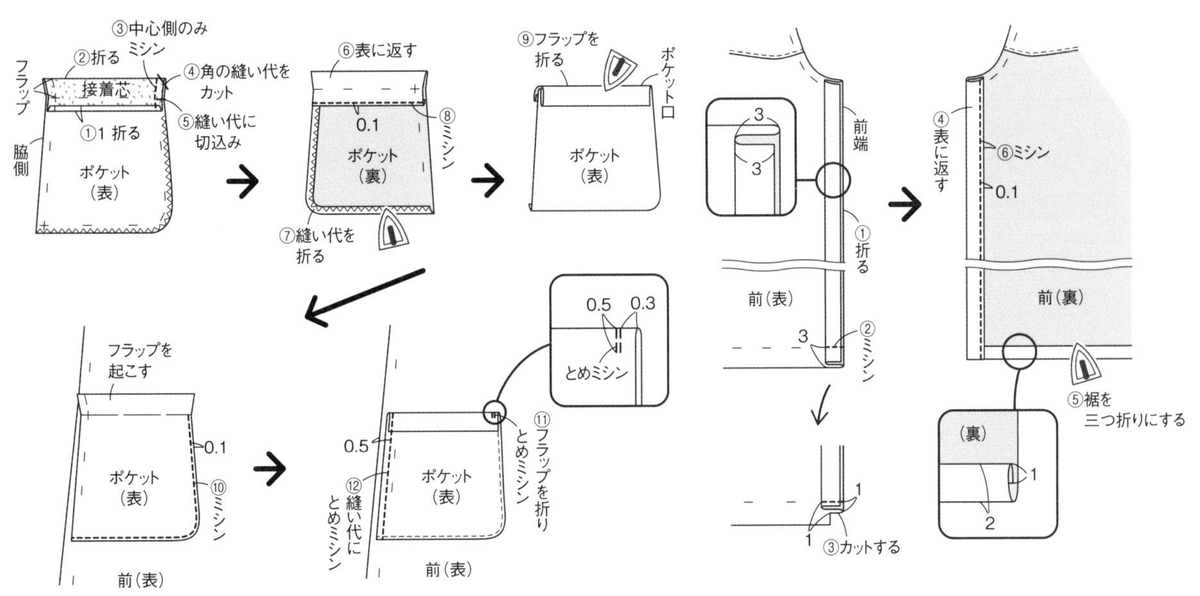

③中心側のみミシン
②折る
④角の縫い代をカット
フラップ
接着芯
⑤縫い代に切込み
①1 折る
脇側
ポケット（表）
⑥表に返す
0.1
⑧ミシン
ポケット（裏）
⑦縫い代を折る
⑨フラップを折る
ポケット口
ポケット（表）
フラップを起こす
0.1
ポケット（表）
⑩ミシン
前（表）
0.5
0.3
とめミシン
0.5
⑪フラップを折り とめミシン
⑫縫い代にとめミシン
ポケット（表）
前（表）
3
3
前端
①折る
前（表）
3
②ミシン
1
1
③カットする
④表に返す
⑥ミシン
0.1
前（裏）
⑤裾を三つ折りにする
（裏）
1
2

6. 衿を作る

7. 衿に台衿をつける

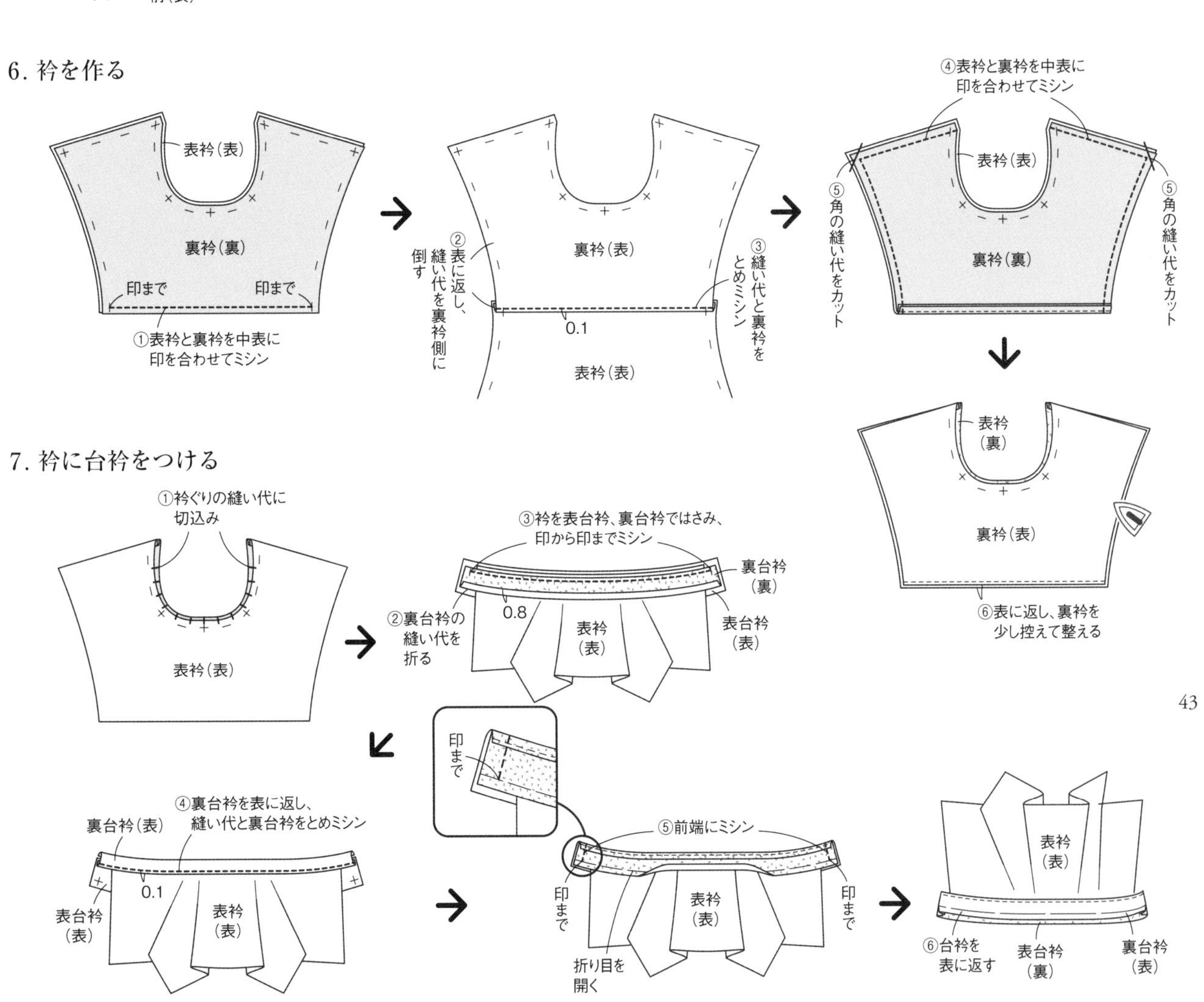

表衿（表）
裏衿（裏）
印まで
印まで
①表衿と裏衿を中表に印を合わせてミシン
裏衿（表）
②表に返し、縫い代を裏衿側に倒す
③縫い代と裏衿をとめミシン
0.1
表衿（表）
④表衿と裏衿を中表に印を合わせてミシン
表衿（表）
⑤角の縫い代をカット
⑤角の縫い代をカット
裏衿（裏）
表衿（裏）
裏衿（表）
⑥表に返し、裏衿を少し控えて整える
①衿ぐりの縫い代に切込み
表衿（表）
③衿を表台衿、裏台衿ではさみ、印から印までミシン
裏台衿（裏）
②裏台衿の縫い代を折る
0.8
表衿（表）
表台衿（表）
④裏台衿を表に返し、縫い代と裏台衿をとめミシン
裏台衿（表）
0.1
表台衿（表）
表衿（表）
印まで
⑤前端にミシン
印まで
印まで
表衿（表）
折り目を開く
表衿（表）
⑥台衿を表に返す
表台衿（裏）
裏台衿（表）

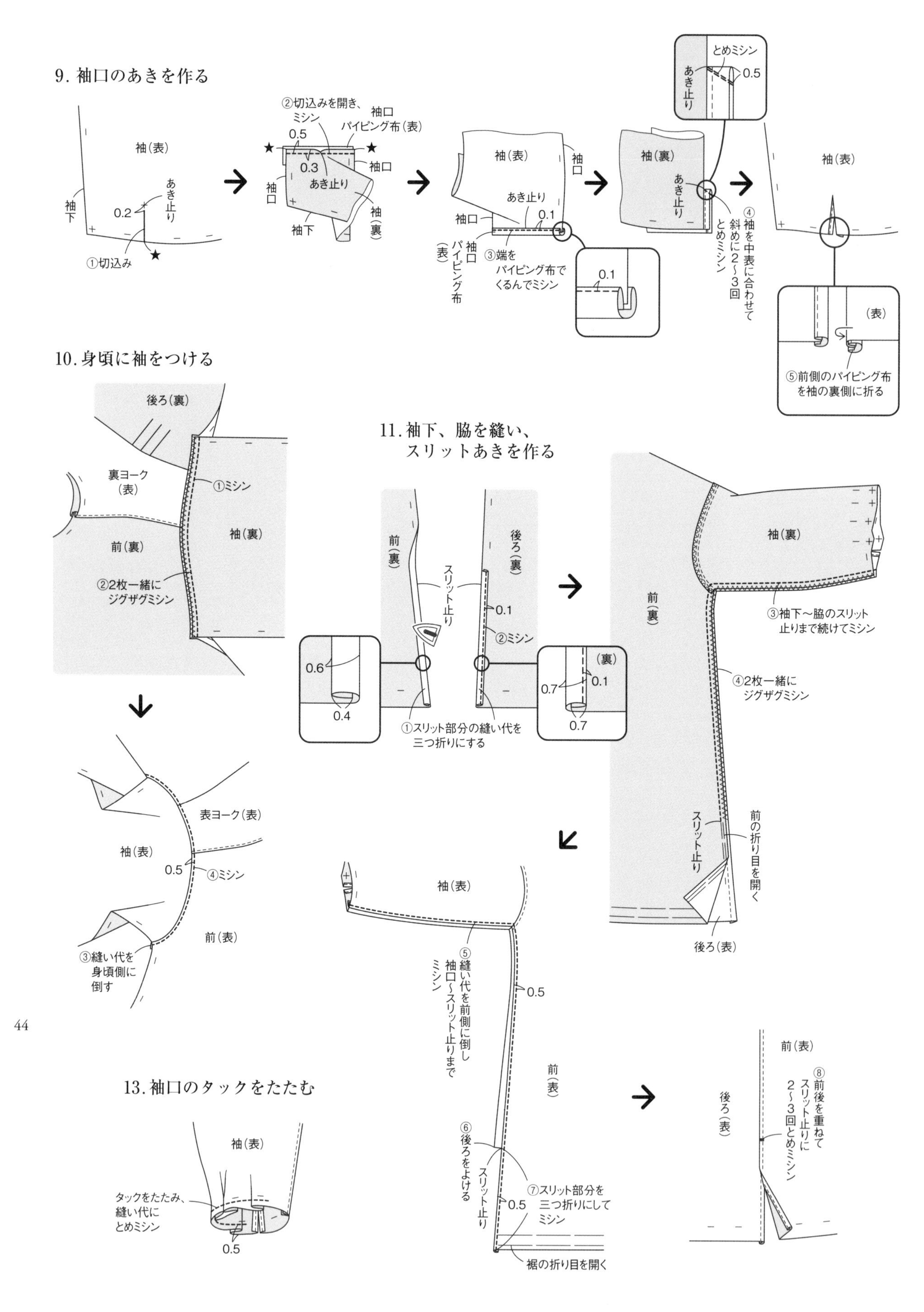
9. 袖口のあきを作る
袖(表)
袖下
あき止り
0.2
①切込み
②切込みを開き、ミシン
袖口パイピング布(表)
0.5
0.3
あき止り
袖口
袖口
袖下
袖(裏)
袖(表)
袖口
あき止り
0.1
袖口
袖口パイピング布(表)
③端をパイピング布でくるんでミシン
0.1
袖(裏)
あき止り
とめミシン
あき止り
0.5
④袖を中表に合わせて斜めに2〜3回とめミシン
袖(表)
(表)
⑤前側のパイピング布を袖の裏側に折る
10. 身頃に袖をつける
後ろ(裏)
裏ヨーク(表)
①ミシン
袖(裏)
前(裏)
②2枚一緒にジグザグミシン
表ヨーク(表)
袖(表)
0.5
④ミシン
前(表)
③縫い代を身頃側に倒す
11. 袖下、脇を縫い、スリットあきを作る
前(裏)
スリット止り
後ろ(裏)
0.1
②ミシン
0.6
0.4
(裏)
0.1
0.7
0.7
①スリット部分の縫い代を三つ折りにする
袖(裏)
前(裏)
③袖下〜脇のスリット止りまで続けてミシン
④2枚一緒にジグザグミシン
スリット止り
前の折り目を開く
後ろ(表)
袖(表)
⑤縫い代を前側に倒し袖口〜スリット止りまでミシン
0.5
前(表)
⑥後ろをよける
スリット止り
0.5
⑦スリット部分を三つ折りにしてミシン
裾の折り目を開く
前(表)
後ろ(表)
⑧前後を重ねてスリット止りに2〜3回とめミシン
13. 袖口のタックをたたむ
袖(表)
タックをたたみ、縫い代にとめミシン
0.5

E 後ろボタンのドルマンギャザープルオーバー

Photo / P.17、P.19　実物大パターンC面

優しい色彩のリバティ・ファブリックスで作ったプルオーバー。ふわーっとした色でまとめたかったので、衿とカフスはグレーのリネンで仕上げました。後ろ衿にはブルーのくるみボタンがついています。白黒のギンガムチェックで作ってみても、きっとかわいいです。

［ 材料 ］※左から S/M/L/2L サイズ

表布（Liberty Fabrics　ロデン・ウッド タナローン）
…108 cm 幅 1m80 cm / 1m80 cm / 1m80 cm / 1m90 cm
※L、2L サイズは 114 cm幅が必要です
別布（リネン グレー）…90 cm 幅 30 cm / 30 cm / 30 cm / 30 cm
接着芯…90 cm 幅 40 cm
くるみボタン…直径 1.5 cmを 1 個
ボタン…直径 0.9 cmを 5 個

［ 出来上り寸法 ］※左から S/M/L/2L サイズ

バスト…99/103/107/111 cm
着丈…63.5/64.5/65.5/66.5 cm
袖丈…45/46.5/48/49.5 cm

［ 裁合せ図 ］

〈別布〉

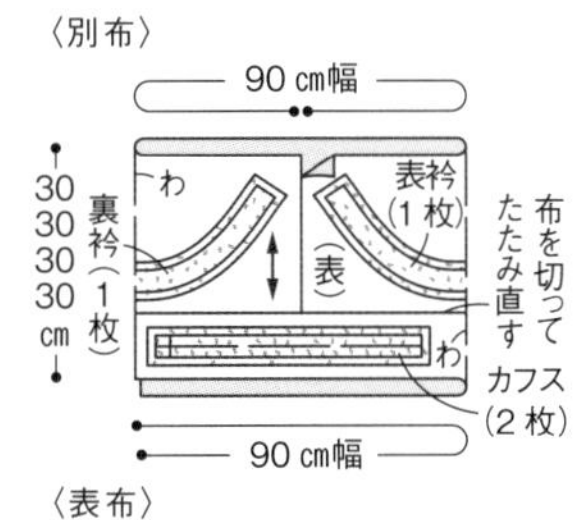

90 cm幅
30
30
30
30
cm
わ
裏衿（1枚）
表衿（1枚）
（表）
布を切ってたたみ直す
わ
カフス（2枚）
90 cm幅

〈表布〉

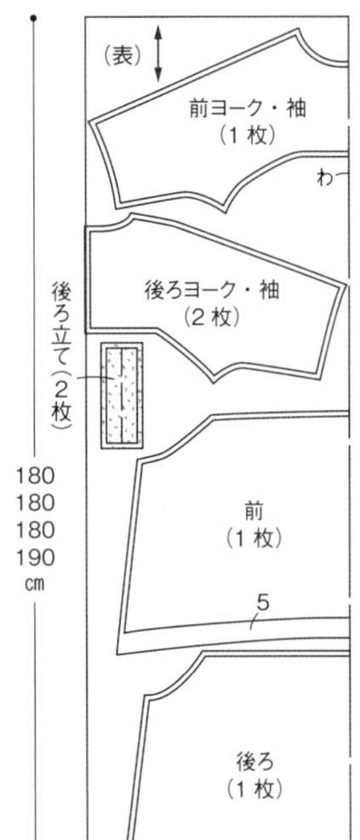

（表）
前ヨーク・袖（1枚）
わ
後ろヨーク・袖（2枚）
後ろ立て（2枚）
180
180
180
190
cm
前（1枚）
5
後ろ（1枚）
5
108 cm幅
（L、2L サイズは 114 cm幅以上）

※指定以外の縫い代は 1 cm
※ ▒ は裏に接着芯をはる
※数字は上から S/M/L/2L サイズ
※表布の L、2L サイズは 114 cm幅以上の布を使用する

［ 縫い方 ］ 準備：表衿、裏衿、カフス、後ろ立てに接着芯をはる。

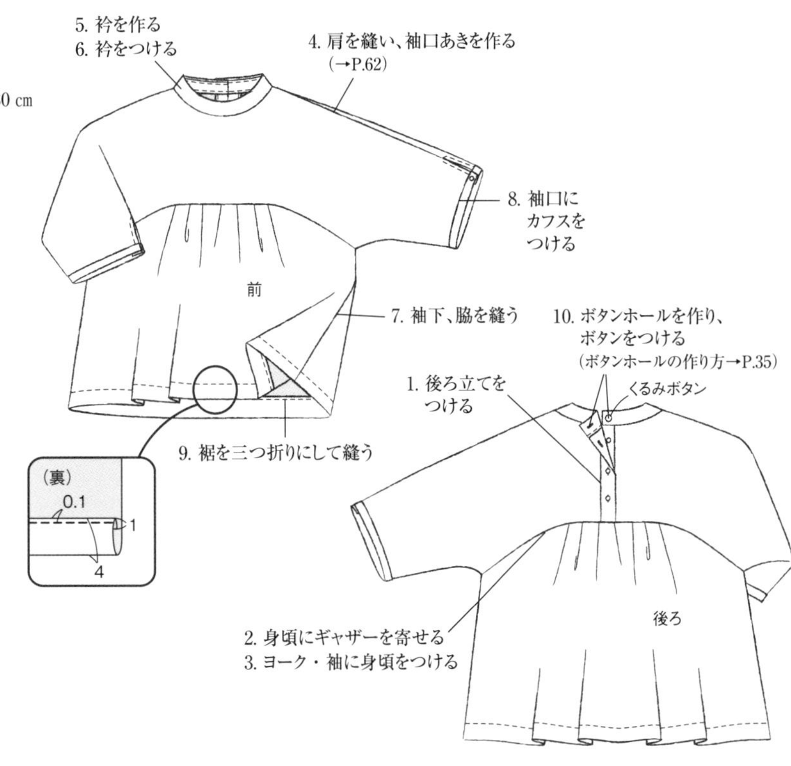

5. 衿を作る
6. 衿をつける
4. 肩を縫い、袖口あきを作る
(→P.62)
8. 袖口にカフスをつける
前
7. 袖下、脇を縫う
9. 裾を三つ折りにして縫う
（裏）
0.1
1
4
10. ボタンホールを作り、ボタンをつける
（ボタンホールの作り方→P.35）
1. 後ろ立てをつける
くるみボタン
後ろ
2. 身頃にギャザーを寄せる
3. ヨーク・袖に身頃をつける

1. 後ろ立てをつける

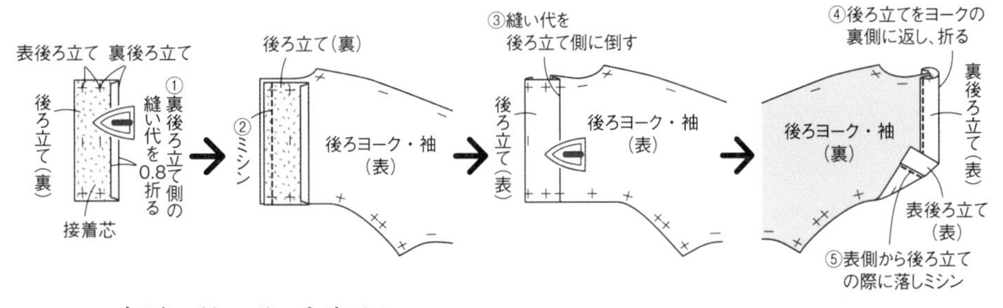

表後ろ立て　裏後ろ立て
後ろ立て（裏）
①裏後ろ立て側の縫い代を0.8折る
接着芯
後ろ立て（裏）
②ミシン
後ろヨーク・袖（表）
③縫い代を後ろ立て側に倒す
後ろ立て（表）
後ろヨーク・袖（表）
④後ろ立てをヨークの裏側に返し、折る
裏後ろ立て（表）
後ろヨーク・袖（裏）
表後ろ立て（表）
⑤表側から後ろ立ての際に落しミシン

2. 身頃にギャザーを寄せる

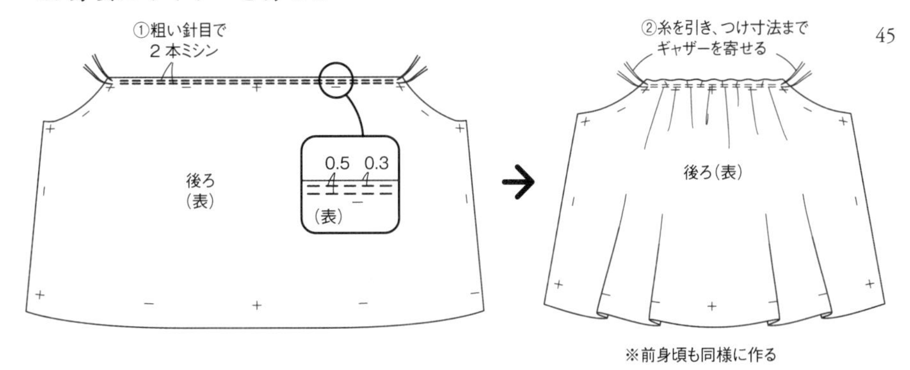

①粗い針目で2本ミシン
後ろ（表）
0.5
0.3
（表）
②糸を引き、つけ寸法までギャザーを寄せる
後ろ（表）

※前身頃も同様に作る

3. ヨーク・袖に身頃をつける

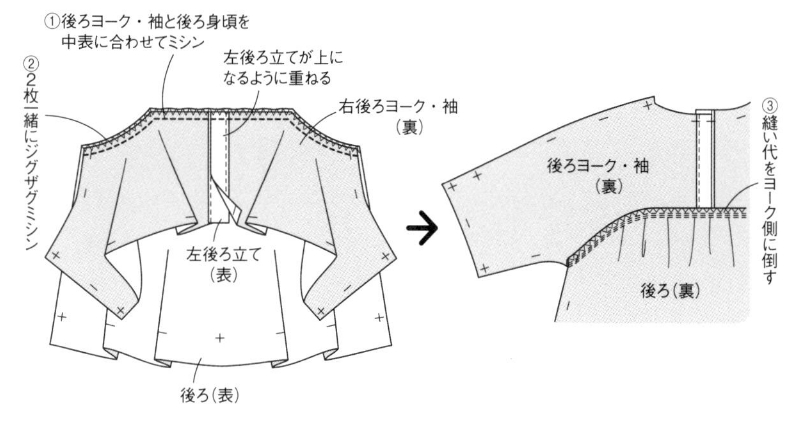
①後ろヨーク・袖と後ろ身頃を
中表に合わせてミシン
②2枚一緒にジグザグミシン
左後ろ立てが上に
なるように重ねる
右後ろヨーク・袖
(裏)
左後ろ立て
(表)
後ろ(表)
後ろヨーク・袖
(裏)
③縫い代をヨーク側に倒す
後ろ(裏)

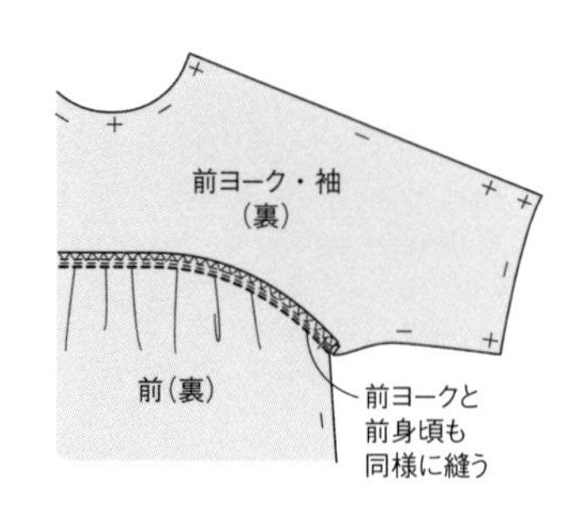
前ヨーク・袖
(裏)
前(裏)
前ヨークと
前身頃も
同様に縫う

5. 衿を作る

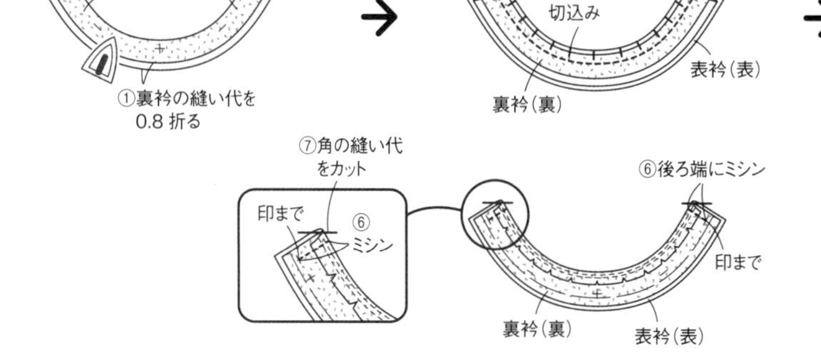
接着芯
裏衿(裏)
①裏衿の縫い代を
0.8 折る
②印までミシン
③カーブ部分に
切込み
表衿(表)
裏衿(裏)
④縫い代を裏衿側に倒す
印まで
表衿(表)
印まで
裏衿
(表)
⑤縫い代と裏衿を
とめミシン
折り目を
開く
⑦角の縫い代
をカット
印まで
⑥
ミシン
⑥後ろ端にミシン
印まで
裏衿(裏)
表衿(表)

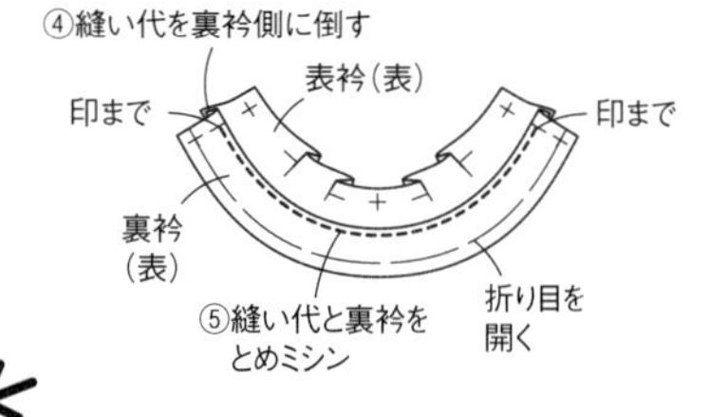
⑧表に返し、裏衿を折り目で折る
少し控える
裏衿(表)
表衿(裏)

6. 衿をつける

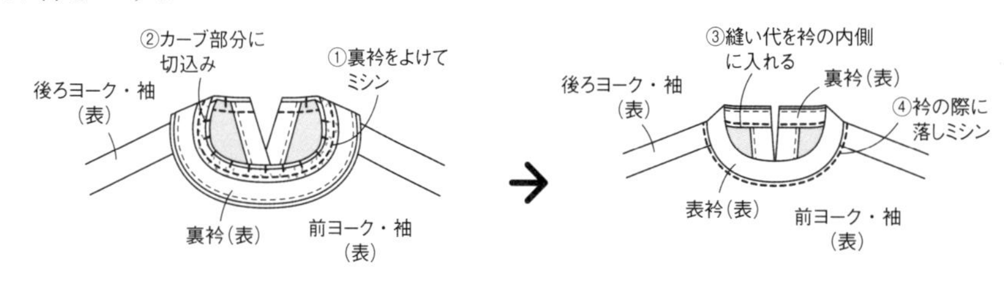
②カーブ部分に
切込み
①裏衿をよけて
ミシン
後ろヨーク・袖
(表)
裏衿(表)
前ヨーク・袖
(表)
③縫い代を衿の内側
に入れる
後ろヨーク・袖
(表)
裏衿(表)
④衿の際に
落しミシン
表衿(表)
前ヨーク・袖
(表)

7. 袖下、脇を縫う

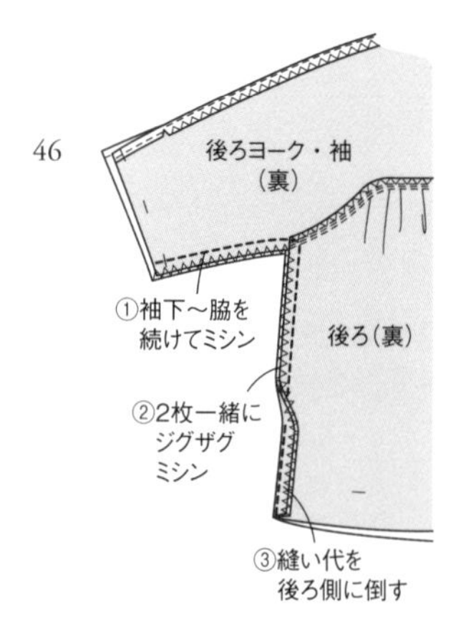
後ろヨーク・袖
(裏)
①袖下〜脇を
続けてミシン
後ろ(裏)
②2枚一緒に
ジグザグ
ミシン
③縫い代を
後ろ側に倒す

8. 袖口にカフスをつける

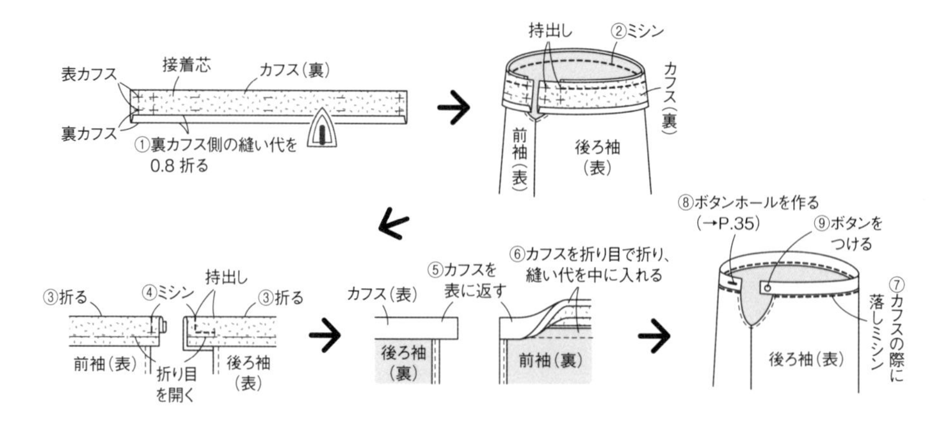
表カフス
接着芯
カフス(裏)
裏カフス
①裏カフス側の縫い代を
0.8 折る
持出し
②ミシン
カフス(裏)
前袖(表)
後ろ袖
(表)
③折る
④ミシン
持出し
③折る
前袖(表)
折り目
を開く
後ろ袖
(表)
カフス(表)
⑤カフスを
表に返す
後ろ袖
(裏)
⑥カフスを折り目で折り、
縫い代を中に入れる
前袖(裏)
⑧ボタンホールを作る
(→P.35)
⑨ボタンを
つける
⑦カフスの際に
落しミシン
後ろ袖(表)

F ハイウエストのタックワンピース

Photo / P.14、P.32　実物大パターンC面

シルクのような質感の、丸い刺繍模様がかわいいコットン生地から生まれたワンピース。衿ぐりのパイピングを黒の配色にして、きりっと全体を引き締めました。ゆったりとしたサイズ感なので、着心地は快適です。丈を短くしてチュニックにしても。

［ 材料 ］※左からS/M/L/2Lサイズ

表布（CHECK&STRIPE　オリジナル海のブロードにシャボンの刺しゅう マッシュルーム）
…110 cm幅 3m50 cm /3m50 cm /3m60 cm /3m70 cm
別布（綿ローン ブラック）…65 × 60 cm /60 cm /60 cm /60 cm
接着芯…90 cm幅 40 cm
接着テープ…1.5 cm幅 40 cm
ボタン…直径1 cmを1個

［ 出来上り寸法 ］※左からS/M/L/2Lサイズ

バスト…98.5/102.5/106.5/110.5 cm
着丈…112.5/114/115.5/117 cm
袖丈…34.5/35.5/36.5/37.5 cm

［ 縫い方 ］

準備：前見返し、後ろ見返し、袖口見返しに接着芯をはる。

［ 裁合せ図 ］
〈表布〉
110 cm幅
わ
（表）
袖口見返し（2枚）
0.5
袋布B（2枚）
袋布A（2枚）
後ろ見返し（1枚）
0.7
前ヨーク・袖（2枚）
後ろヨーク・袖（1枚）
前見返し（2枚）
350
350
360
370
cm
布を切ってたたみ直す
3
後ろ（1枚）
（表）
前（1枚）
110 cm幅
〈別布〉
2.4
2.5
7
布ループ（1枚）
75.5
77
78.5
80
（表）
60
60
60
60
cm
バイアス布（1枚）
65 cm
4.布ループを作り、つける
（布ループの作り方→P.35）
2.見返しを作る
1.肩を縫う
12.ボタンをつける
3.ヨークにバイアス布をつける
5.ヨークに見返しをつけて、前端、衿ぐりを縫う
6.ポケットを作る
前
（裏）
0.1
1
2
10.裾を三つ折りにして縫う
11.袖口見返しを作り、つける（→P.41）
9.袖下、脇を縫う
7.身頃のタックをたたむ
8.ヨーク・袖に身頃をつける
後ろ

※指定以外の縫い代は1 cm
※［図］は裏に接着芯をはる
※数字は上からS／M／L／2Lサイズ
※バイアス布、布ループは裁ち方図の寸法で直接布をカットする

1. 肩を縫う

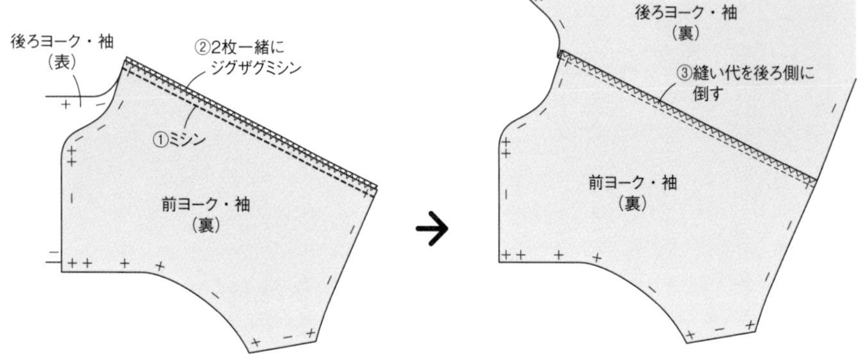

後ろヨーク・袖
(表)
②2枚一緒に
ジグザグミシン
①ミシン
前ヨーク・袖
(裏)
後ろヨーク・袖
(裏)
③縫い代を後ろ側に
倒す
前ヨーク・袖
(裏)

2. 見返しを作る

3. ヨークにバイアス布をつける
4. 布ループを作り、つける

(布ループの作り方→P.35)

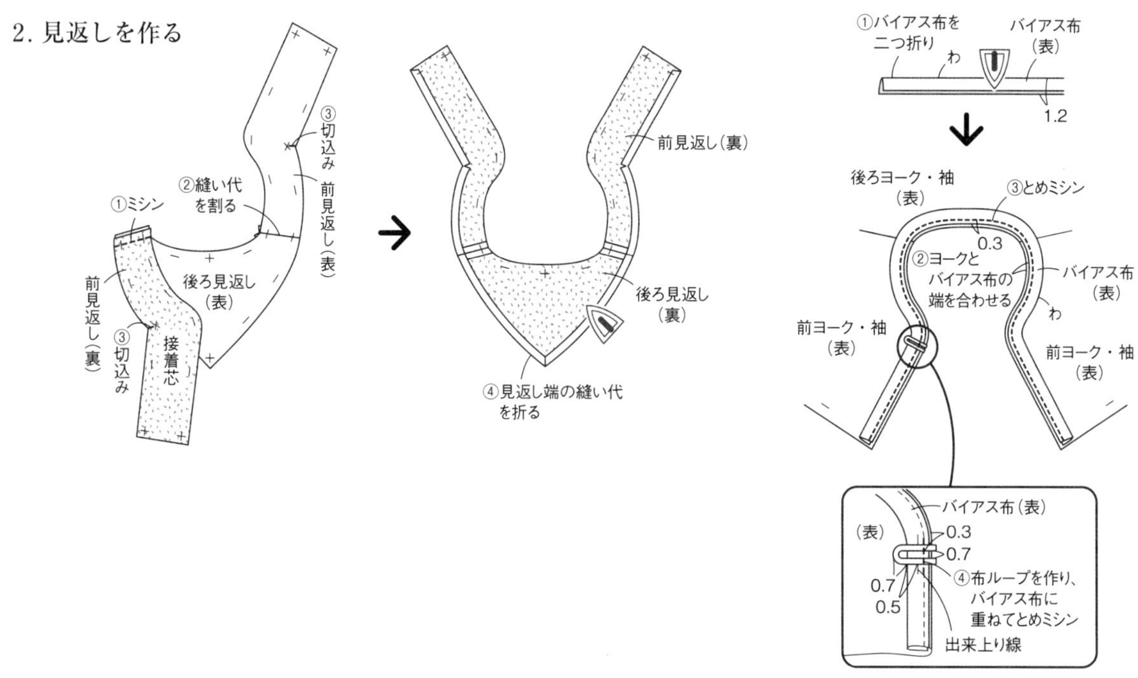

③
切込み
②縫い代
を割る
①ミシン
前見返し(表)
後ろ見返し
(表)
前見返し(裏)
③
切込み
接着芯
前見返し(裏)
後ろ見返し
(裏)
④見返し端の縫い代
を折る
①バイアス布を
二つ折り
バイアス布
(表)
わ
1.2
後ろヨーク・袖
(表)
③とめミシン
0.3
②ヨークと
バイアス布の
端を合わせる
バイアス布
(表)
わ
前ヨーク・袖
(表)
前ヨーク・袖
(表)
バイアス布(表)
(表)
0.3
0.7
0.7
0.5
④布ループを作り、
バイアス布に
重ねてとめミシン
出来上り線

5. ヨークに見返しをつけて、前端、衿ぐりを縫う

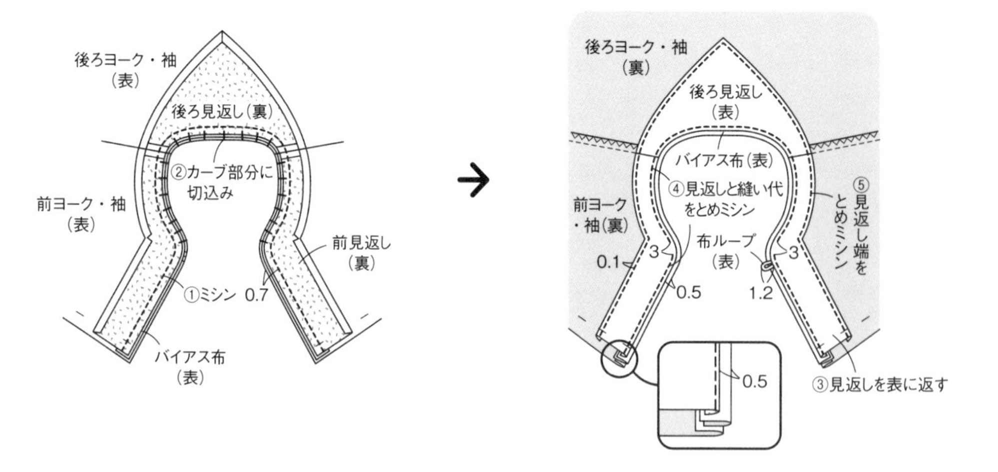

後ろヨーク・袖
(表)
後ろ見返し(裏)
②カーブ部分に
切込み
前ヨーク・袖
(表)
前見返し
(裏)
①ミシン 0.7
バイアス布
(表)
後ろヨーク・袖
(裏)
後ろ見返し
(表)
バイアス布(表)
④見返しと縫い代
をとめミシン
⑤見返し端を
とめミシン
前ヨーク
・袖(裏)
布ループ
(表)
3
3
0.1
0.5
1.2
0.5
③見返しを表に返す

6. ポケットを作る

前(裏)
1
ポケット口
①接着テープをはる
1

前(表)
④2枚一緒にジグザグミシン
③切込み
②ミシン
ポケット口
袋布A
(裏)

袋布A(表)
⑤袋布を脇側に倒し、ポケット口の縫い代にとめミシン
0.1
ポケット口
前(表)

前身頃をよける
0.5
⑥袋布A・Bを外表に合わせてミシン
前
(裏)
袋布B
(表)
前身頃をよける
袋布A(裏)

前
(裏)
袋布A
(裏)
⑦裏側に返してミシン
0.7
0.7

7. 身頃のタックをたたむ

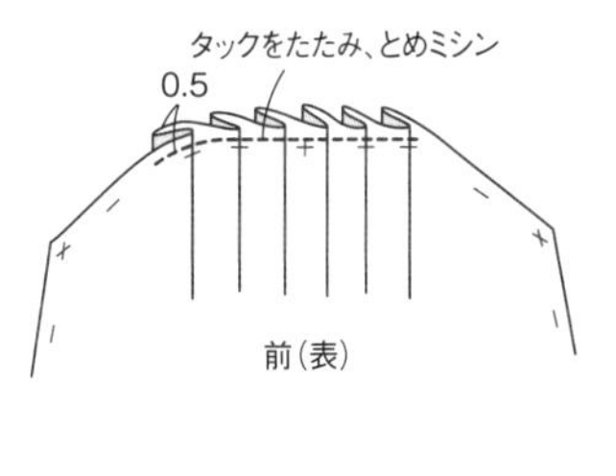

タックをたたみ、とめミシン
0.5
前(表)

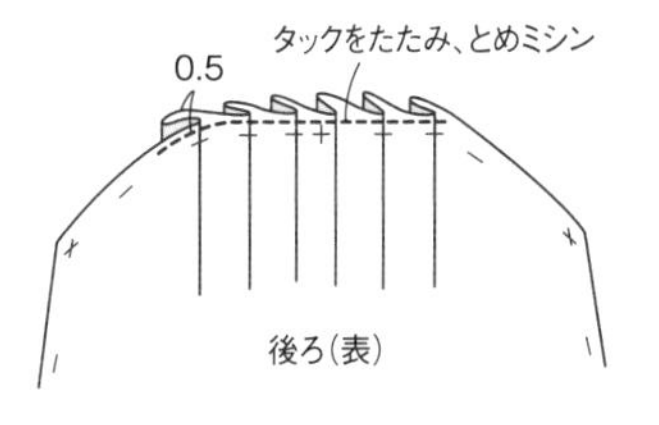

0.5
タックをたたみ、とめミシン
後ろ(表)

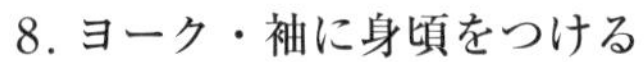

8. ヨーク・袖に身頃をつける

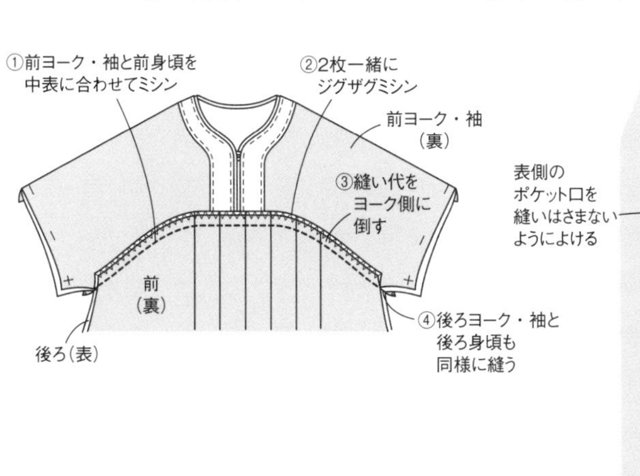

①前ヨーク・袖と前身頃を中表に合わせてミシン
②2枚一緒にジグザグミシン
前ヨーク・袖
(裏)
③縫い代をヨーク側に倒す
前
(裏)
後ろ(表)
④後ろヨーク・袖と後ろ身頃も同様に縫う

9. 袖下、脇を縫う

表側のポケット口を縫いはさまないようによける
②袋布の縫い代も合わせて、ジグザグミシン
①袋布を重ねて袖下〜脇を続けてミシン
③表側からポケット口の両端に2〜3回とめミシン
0.5
袋布B
(裏)
0.5
前
(裏)
後ろ(表)
④縫い代を後ろ側に倒す

12. ボタンをつける

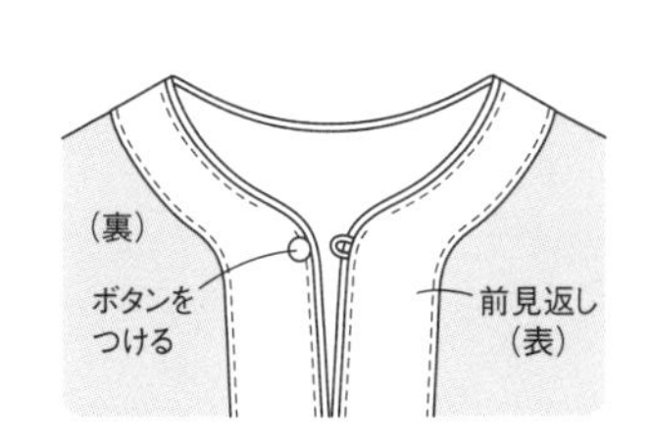

(裏)
ボタンをつける
前見返し
(表)

G ラグラン袖のダブルボタンジャケット

Photo / P.24　実物大パターンD面

くったりとやわらかなベルガモリネンで作ったジャケット。薄手の布地で作ると、さっとはおれるカーディガンのような存在。Kのスカートとコーディネイトしていますが、同素材でスカートを作ってセットアップにすれば、フォーマルなお洋服ができ上がります。

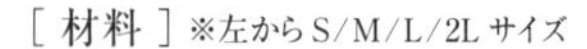

［ 材料 ］※左からS/M/L/2Lサイズ

表布(生地の森　ベルギーリネン 1/40番手 リュードバックハーフ ブラック)
…118 cm幅 1m70 cm /1m80 cm /1m80 cm /1m90 cm
接着芯…90 cm幅 60 cm
ボタン…直径1 cmを14個
裏ボタン…直径1.3 cmを1個

［ 出来上り寸法 ］※左からS/M/L/2Lサイズ

バスト…95/99/103/107 cm
着丈…54.5/55.5/56.5/57.5 cm
袖丈…61/62.5/64/65.5 cm

［ 裁合せ図 ］

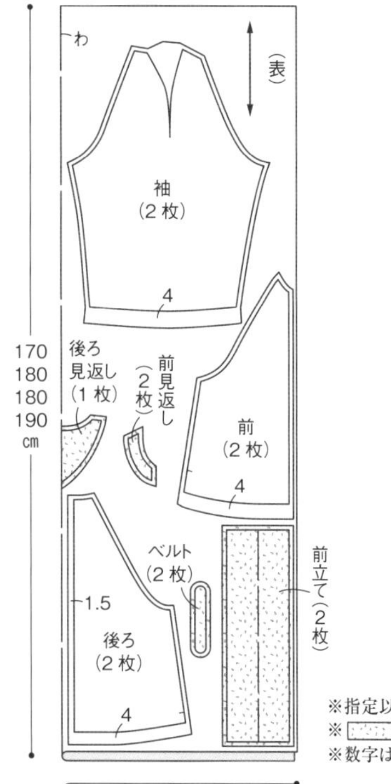
わ
(表)
袖
(2枚)
4
後ろ
見返し
(1枚)
前見返し
(2枚)
前
(2枚)
4
ベルト
(2枚)
前立て
(2枚)
1.5
後ろ
(2枚)
4
170
180
180
190
cm
118 cm幅

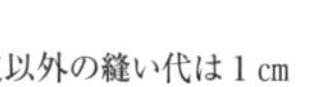

※指定以外の縫い代は1 cm
※ [ ] は裏に接着芯をはる
※数字は上からS/M/L/2Lサイズ

［ 縫い方 ］ 準備：前立て、前見返し、後ろ見返し、ベルトに接着芯をはる。

4. 見返しを作る
5. 見返しをつける
2. 袖のダーツを縫う
3. 身頃に袖をつける
前
11. ボタンホールを作り、ボタンをつける
(ボタンホールの作り方→P.35)
9. 前立てをつける
後ろ
8. 袖口を三つ折りにして縫う
6. 袖下、脇を縫う
7. スリットあきを作り、裾を縫う(→P.62)
10. ベルトを作る
1. 後ろ中心を縫う

1. 後ろ中心を縫う

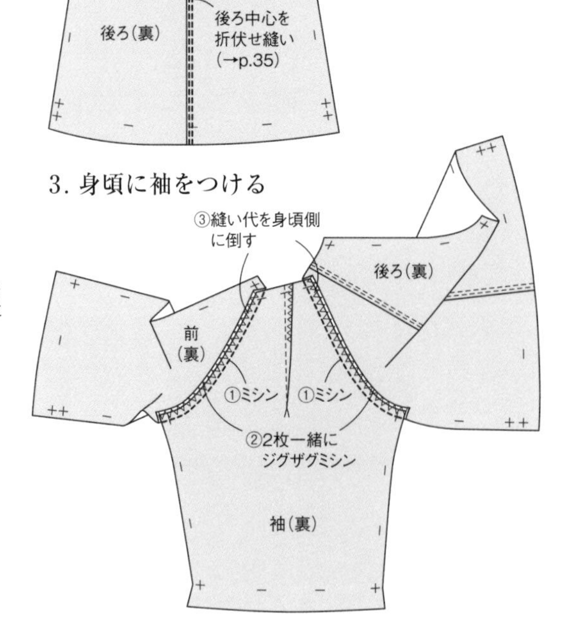
(裏)
0.1
0.8
後ろ(裏)
後ろ中心を
折伏せ縫い
(→p.35)
③縫い代を身頃側
に倒す
後ろ(裏)
前
(裏)
①ミシン
①ミシン
②2枚一緒に
ジグザグミシン
袖(裏)

2. 袖のダーツを縫う

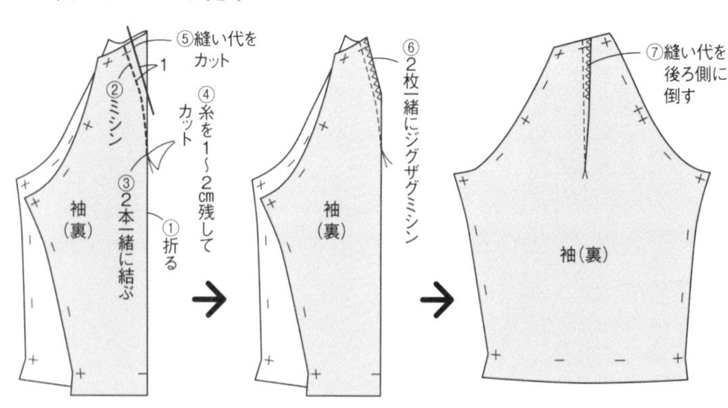
⑤縫い代を
カット
1
②ミシン
④糸を1〜2cm残して
カット
③2本一緒に結ぶ
①折る
袖
(裏)
⑥2枚一緒にジグザグミシン
袖
(裏)
⑦縫い代を
後ろ側に
倒す
袖(裏)

3. 身頃に袖をつける

4. 見返しを作る

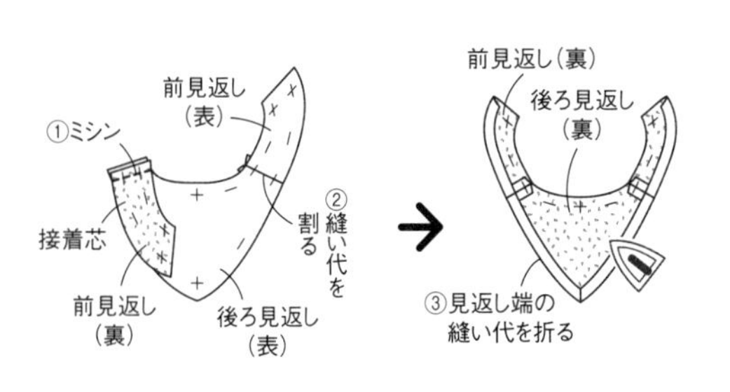

前見返し
（表）
①ミシン
②縫い代を割る
接着芯
前見返し
（裏）
後ろ見返し
（表）
前見返し（裏）
後ろ見返し
（裏）
③見返し端の
縫い代を折る

5. 見返しをつける

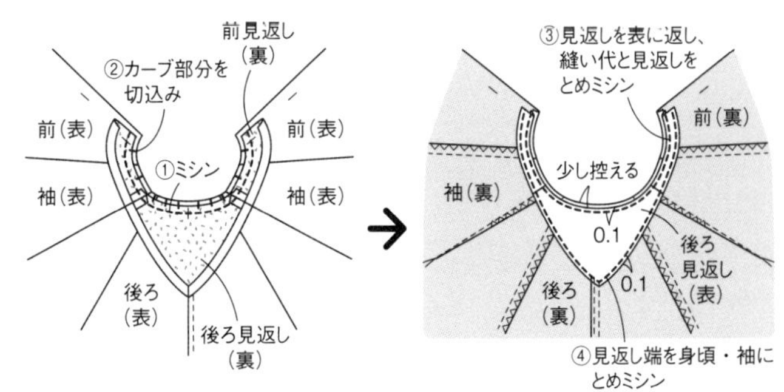

前見返し
（裏）
②カーブ部分を
切込み
前（表）
前（表）
①ミシン
袖（表）
袖（表）
後ろ
（表）
後ろ見返し
（裏）
③見返しを表に返し、
縫い代と見返しを
とめミシン
前（裏）
少し控える
袖（裏）
0.1
0.1
後ろ
見返し
（表）
後ろ
（裏）
④見返し端を身頃・袖に
とめミシン

6. 袖下、脇を縫う

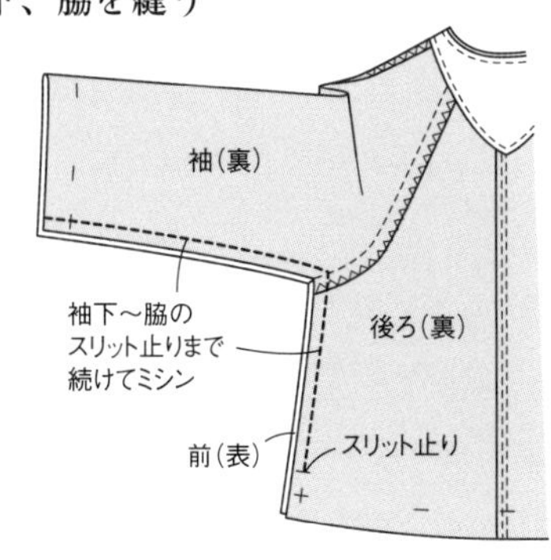

袖（裏）
後ろ（裏）
袖下～脇の
スリット止りまで
続けてミシン
前（表）
スリット止り

8. 袖口を三つ折りにして縫う

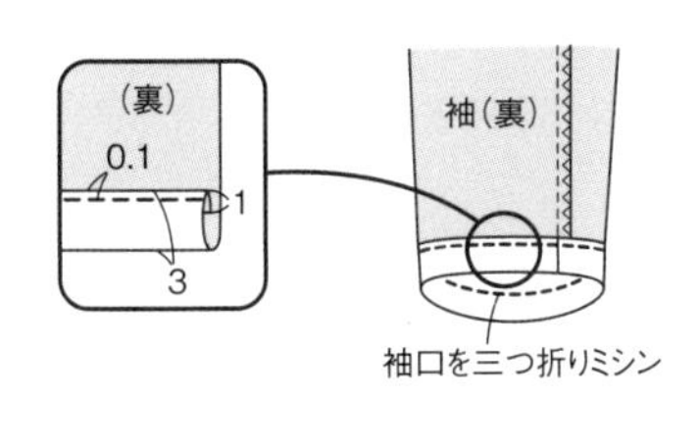

（裏）
0.1
1
3
袖（裏）
袖口を三つ折りミシン

9. 前立てをつける

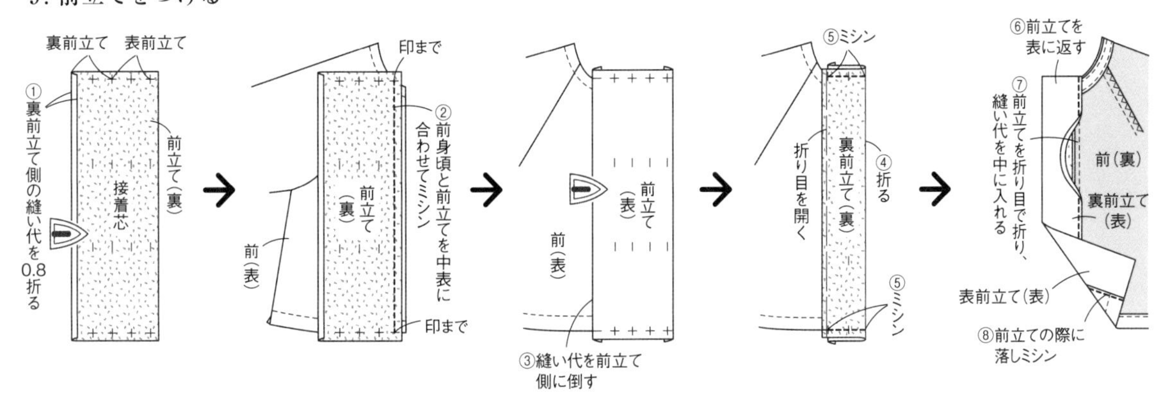

裏前立て
表前立て
①裏前立て側の縫い代を0.8折る
接着芯
前立て（裏）
印まで
②前身頃と前立てを中表に合わせてミシン
前立て（裏）
前（表）
印まで
前立て（表）
前（表）
③縫い代を前立て
側に倒す
⑤ミシン
折り目を開く
裏前立て（裏）
④折る
⑤ミシン
⑥前立てを
表に返す
⑦前立てを折り目で折り、縫い代を中に入れる
前（裏）
裏前立て
（表）
表前立て（表）
⑧前立ての際に
落しミシン

10. ベルトを作る

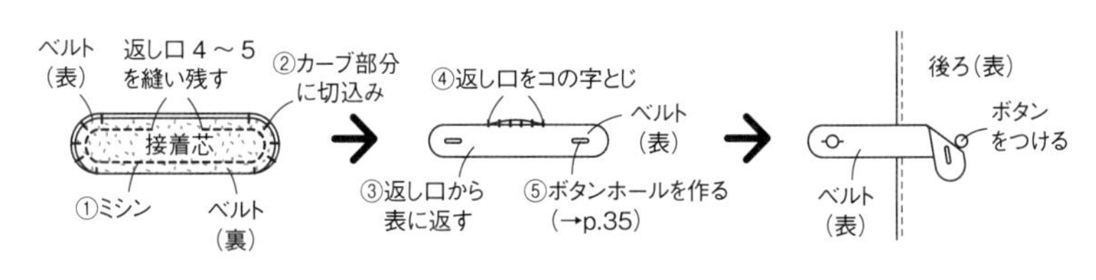

ベルト
（表）
返し口４～５
を縫い残す
②カーブ部分
に切込み
接着芯
①ミシン
ベルト
（裏）
④返し口をコの字とじ
ベルト
（表）
③返し口から
表に返す
⑤ボタンホールを作る
（→p.35）
後ろ（表）
ボタン
をつける
ベルト
（表）

11. ボタンホールを作り、ボタンをつける

（ボタンホールの作り方→P.35）

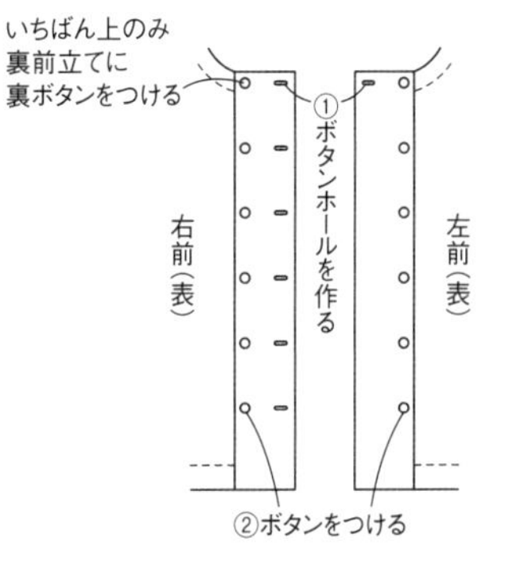

いちばん上のみ
裏前立てに
裏ボタンをつける
①ボタンホールを作る
右前（表）
左前（表）
②ボタンをつける

H 2色づかいのワンピース

Photo / P.25　実物大パターンD面

ラベンダー色と薄ベージュのリネンで作ったダブルボタンのワンピース。組合せをあれこれ悩むのも楽しい作業。身頃はウールやレースなどの布にしてみるのもおもしろいかもしれません。自分だけのスペシャルな一着を作ってみてください。

［ 材料 ］※左からS/M/L/2Lサイズ
表布(APUHOUSE FABRIC　洗いをかけた40/1番手 フレンチリネン オーバーダイドウォッシュ フレンチラベンダー)
…112㎝幅 3m/3m10㎝/3m20㎝/3m30㎝
別布(リネン 生成り)…40㎝×1m20㎝/1m20㎝/1m20㎝/1m20㎝
接着芯…90㎝幅 1m20㎝
接着テープ…1.5㎝幅 40㎝
山高くるみボタン…直径1.2㎝を20個
裏ボタン…直径1.3㎝を1個

［ 出来上り寸法 ］※左からS/M/L/2Lサイズ
バスト…103.5/107.5/111.5/115.5㎝
着丈…114/115.5/117/118.5㎝
袖丈…69/70.5/72/73.5㎝

［ 縫い方 ］
準備：前立て、前見返し、後ろ見返し、表カフスに接着芯をはる。

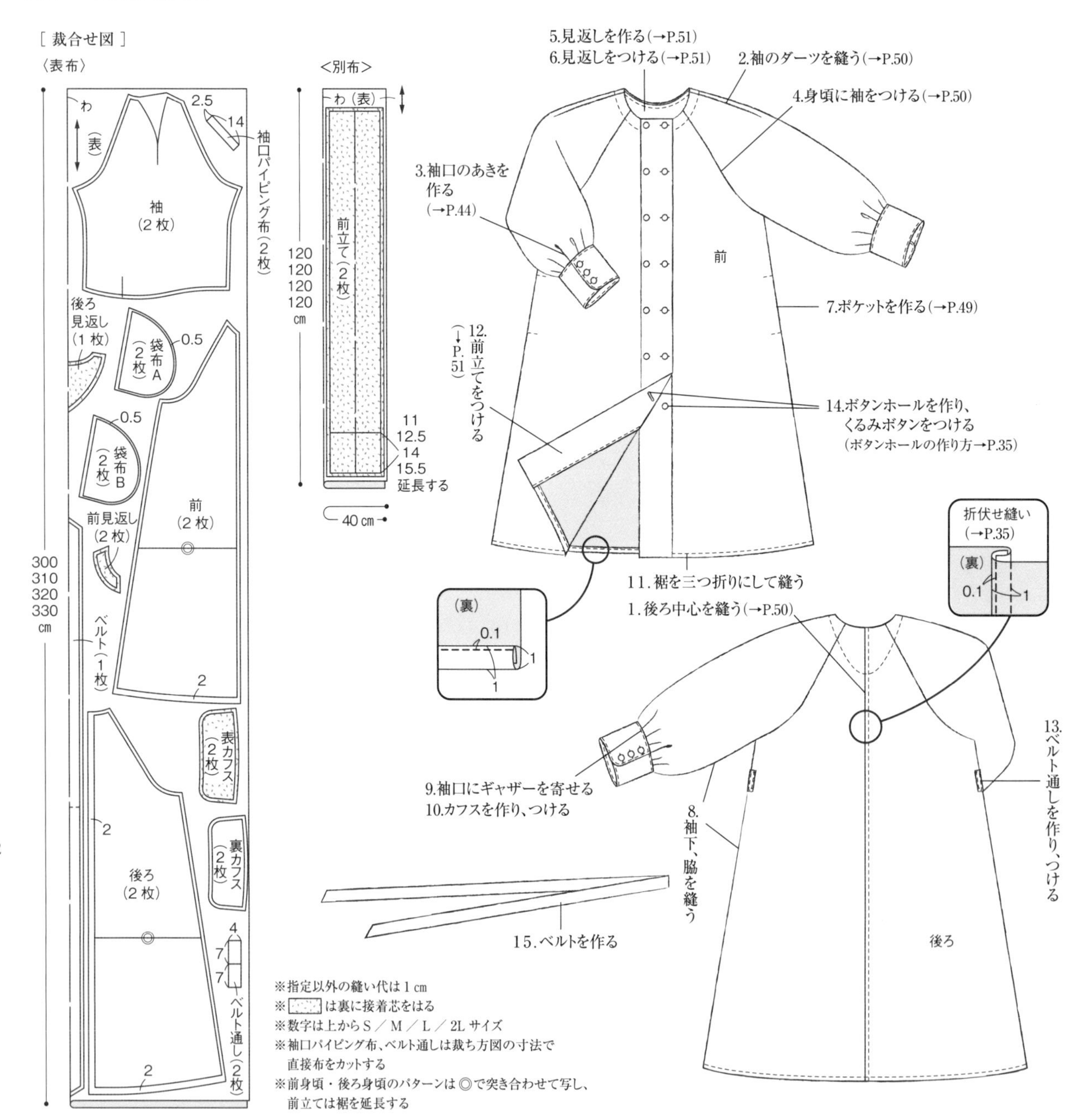

［ 裁合せ図 ］
〈表布〉
わ
(表)
2.5
14
袖口パイピング布(2枚)
袖(2枚)
後ろ見返し(1枚)
袋布A(2枚)
0.5
袋布B(2枚)
0.5
前見返し(2枚)
前(2枚)
300
310
320
330
㎝
ベルト(1枚)
2
表カフス(2枚)
裏カフス(2枚)
2
後ろ(2枚)
4
7
7
ベルト通し(2枚)
2
112㎝幅
〈別布〉
わ(表)
前立て(2枚)
120
120
120
120
㎝
11
12.5
14
15.5
延長する
40㎝
※指定以外の縫い代は1㎝
※ は裏に接着芯をはる
※数字は上からS／M／L／2Lサイズ
※袖口パイピング布、ベルト通しは裁ち方図の寸法で直接布をカットする
※前身頃・後ろ身頃のパターンは◎で突き合わせて写し、前立ては裾を延長する
5.見返しを作る(→P.51)
6.見返しをつける(→P.51)
2.袖のダーツを縫う(→P.50)
4.身頃に袖をつける(→P.50)
3.袖口のあきを作る(→P.44)
前
7.ポケットを作る(→P.49)
12.前立てをつける(→P.51)
14.ボタンホールを作り、くるみボタンをつける
(ボタンホールの作り方→P.35)
11.裾を三つ折りにして縫う
(裏)
0.1
1
1
折伏せ縫い(→P.35)
(裏)
0.1
1
1.後ろ中心を縫う(→P.50)
9.袖口にギャザーを寄せる
10.カフスを作り、つける
8.袖下、脇を縫う
13.ベルト通しを作り、つける
15.ベルトを作る
後ろ

8. 袖下、脇を縫う

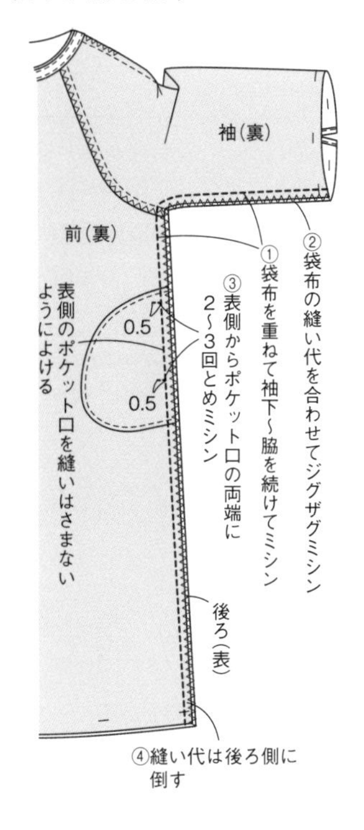
袖(裏)
前(裏)
①袋布を重ねて袖下〜脇を続けてミシン
②袋布の縫い代を合わせてジグザグミシン
③表側からポケット口の両端に2〜3回とめミシン
表側のポケット口を縫いはさまないようによける
0.5
0.5
後ろ(表)
④縫い代は後ろ側に倒す

9. 袖口にギャザーを寄せる

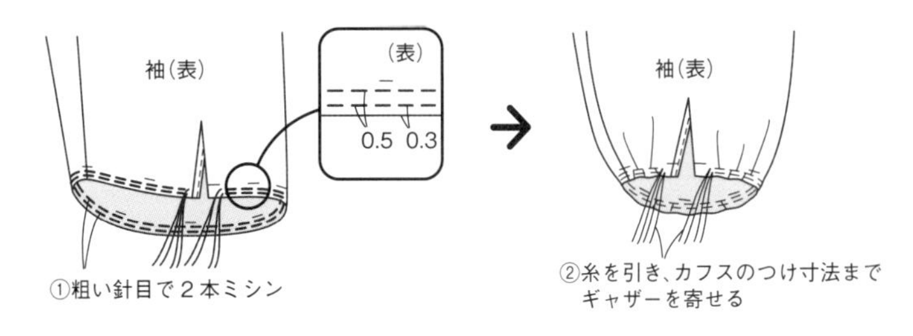
袖(表)
(表)
0.5 0.3
①粗い針目で2本ミシン
袖(表)
②糸を引き、カフスのつけ寸法までギャザーを寄せる

10. カフスを作り、つける

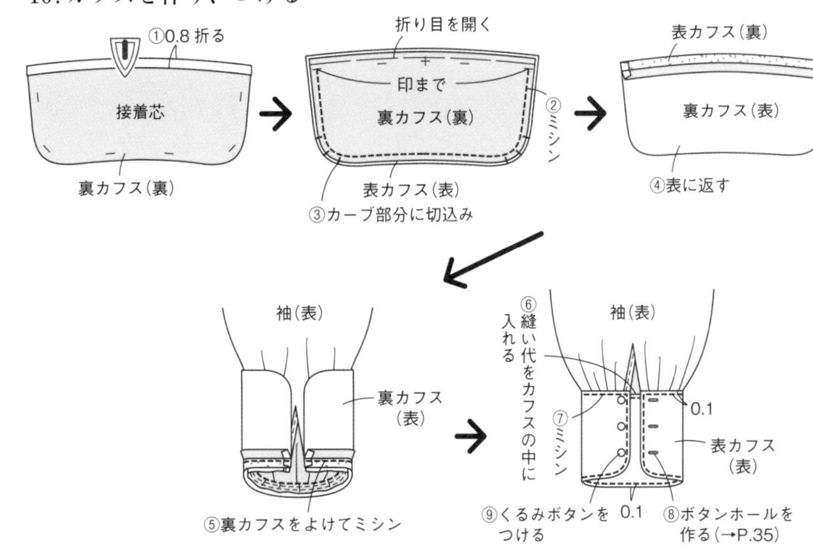
①0.8 折る
接着芯
裏カフス(裏)
折り目を開く
印まで
裏カフス(裏)
②ミシン
表カフス(表)
③カーブ部分に切込み
表カフス(裏)
裏カフス(表)
④表に返す
袖(表)
裏カフス(表)
⑤裏カフスをよけてミシン
袖(表)
⑥縫い代をカフスの中に入れる
⑦ミシン
0.1
表カフス(表)
⑨くるみボタンをつける
0.1
⑧ボタンホールを作る(→P.35)

13. ベルト通しを作り、つける

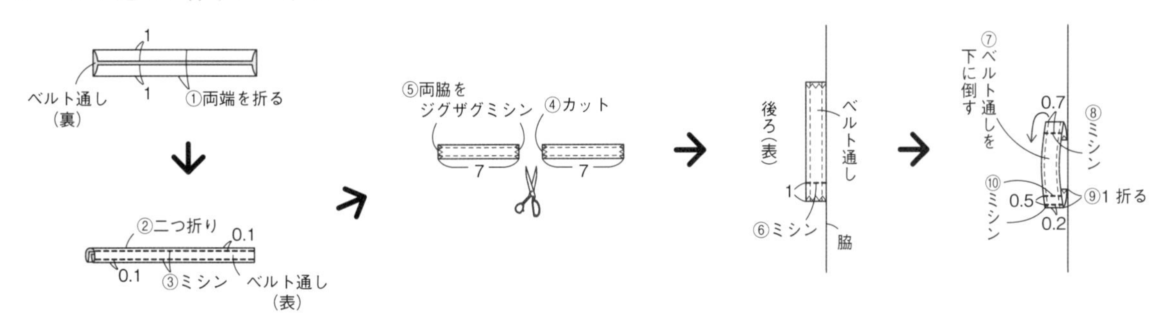
1
1
ベルト通し(裏)
①両端を折る
②二つ折り
0.1
0.1
③ミシン
ベルト通し(表)
⑤両脇をジグザグミシン
④カット
7
7
後ろ(表)
ベルト通し
1
⑥ミシン
脇
⑦ベルト通しを下に倒す
0.7
⑧ミシン
⑩ミシン
0.5
0.2
⑨1 折る

15. ベルトを作る

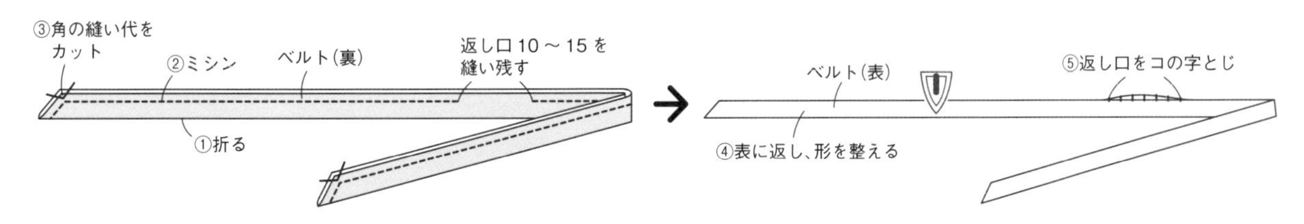
③角の縫い代をカット
②ミシン
ベルト(裏)
返し口 10 〜 15 を縫い残す
①折る
ベルト(表)
⑤返し口をコの字とじ
④表に返し、形を整える

I ふんわり裾のサロペットパンツ

Photo / P.30　実物大パターンB面

しっかりした素材感のリネンで作ったサロペットパンツは、裾にギャザーをたっぷり寄せて、丸みのあるシルエットに。後ろのウエストにはゴムテープが入っているので着心地も楽です。ミリタリーを思わせるカーキ色なら、辛さが少しミックスされます。

［ 材料 ］※左からS/M/L/2Lサイズ
表布(生地の森　ワイド幅ベルギーリネン1/25番手 アーミーカーキ)
…144 cm幅 2m40 cm /2m40 cm /2m50 cm /2m50 cm
接着芯…90 cm幅 80 cm
接着テープ…1.5 cm幅 40 cm
ボタン…直径2 cmを1個、直径1.5 cmを2個
裏ボタン…直径1.3 cmを1個
ゴムテープ…3 cm幅 32 cm /36 cm /40 cm /44 cm

［ 出来上り寸法 ］※左からS/M/L/2Lサイズ
ウエスト…65/71/77/83 cm
ヒップ…123/127/131/135 cm
着丈…128.5/130.5/132.5/134.5 cm

［ 縫い方 ］
準備：前見返し、後ろ見返し、前袖ぐり見返し、後ろ袖ぐり見返し、カフス、表前ウエストベルト、表後ろウエストベルトに接着芯をはる。

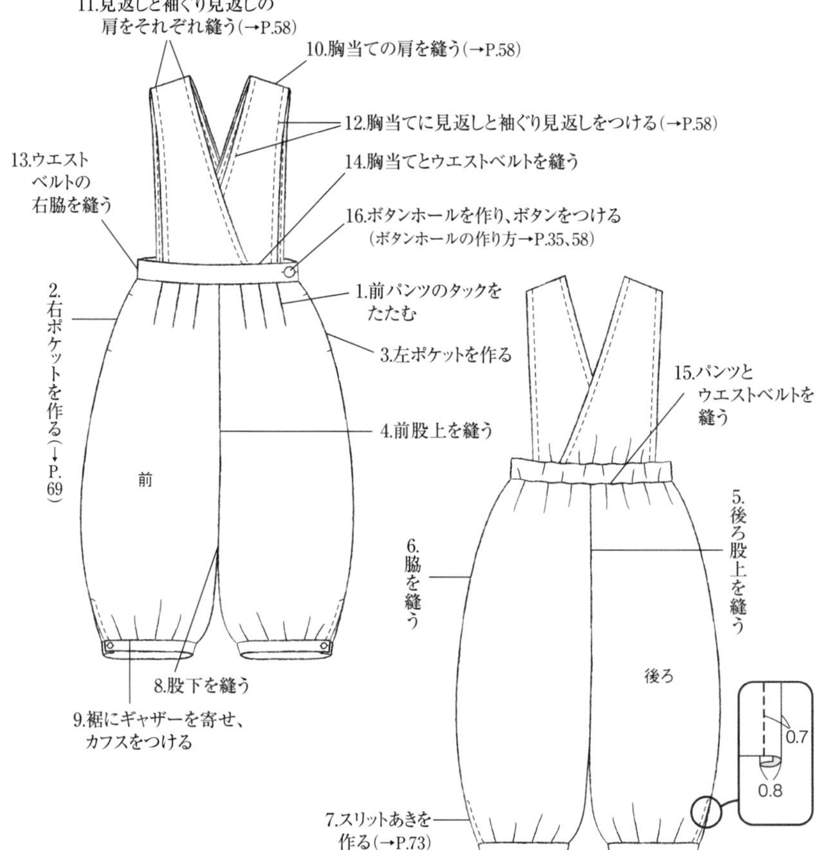

11.見返しと袖ぐり見返しの肩をそれぞれ縫う(→P.58)
10.胸当ての肩を縫う(→P.58)
12.胸当てに見返しと袖ぐり見返しをつける(→P.58)
13.ウエストベルトの右脇を縫う
14.胸当てとウエストベルトを縫う
16.ボタンホールを作り、ボタンをつける
(ボタンホールの作り方→P.35、58)
1.前パンツのタックをたたむ
2.右ポケットを作る(→P.69)
3.左ポケットを作る
4.前股上を縫う
前
8.股下を縫う
9.裾にギャザーを寄せ、カフスをつける
15.パンツとウエストベルトを縫う
5.後ろ股上を縫う
6.脇を縫う
後ろ
0.7
0.8
7.スリットあきを作る(→P.73)

［ 裁合せ図 ］

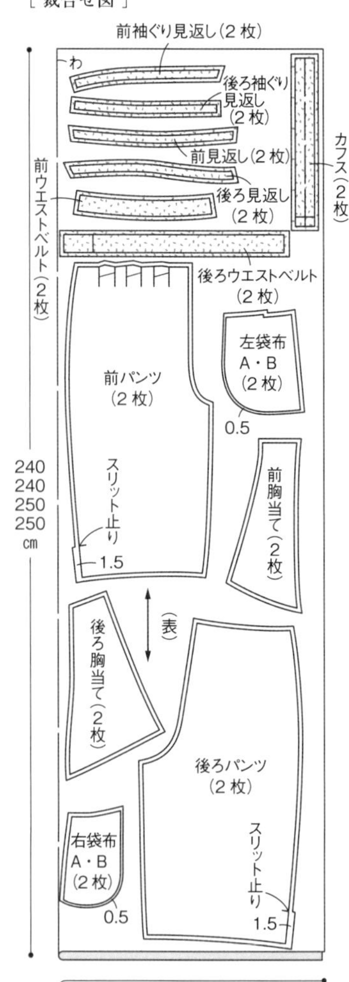

前袖ぐり見返し(2枚)
わ
後ろ袖ぐり見返し(2枚)
前見返し(2枚)
後ろ見返し(2枚)
カフス(2枚)
前ウエストベルト(2枚)
後ろウエストベルト(2枚)
前パンツ(2枚)
左袋布A・B(2枚)
0.5
スリット止り
1.5
前胸当て(2枚)
240
240
250
250
cm
(表)
後ろ胸当て(2枚)
後ろパンツ(2枚)
右袋布A・B(2枚)
0.5
スリット止り
1.5
144 cm幅

※指定以外の縫い代は1 cm
※［　］は裏に接着芯をはる
※数字は上からS／M／L／2Lサイズ

1. 前パンツのタックをたたむ

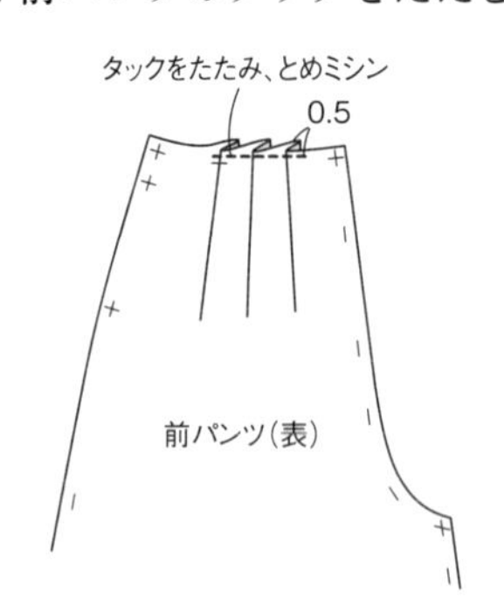

タックをたたみ、とめミシン
0.5
前パンツ(表)

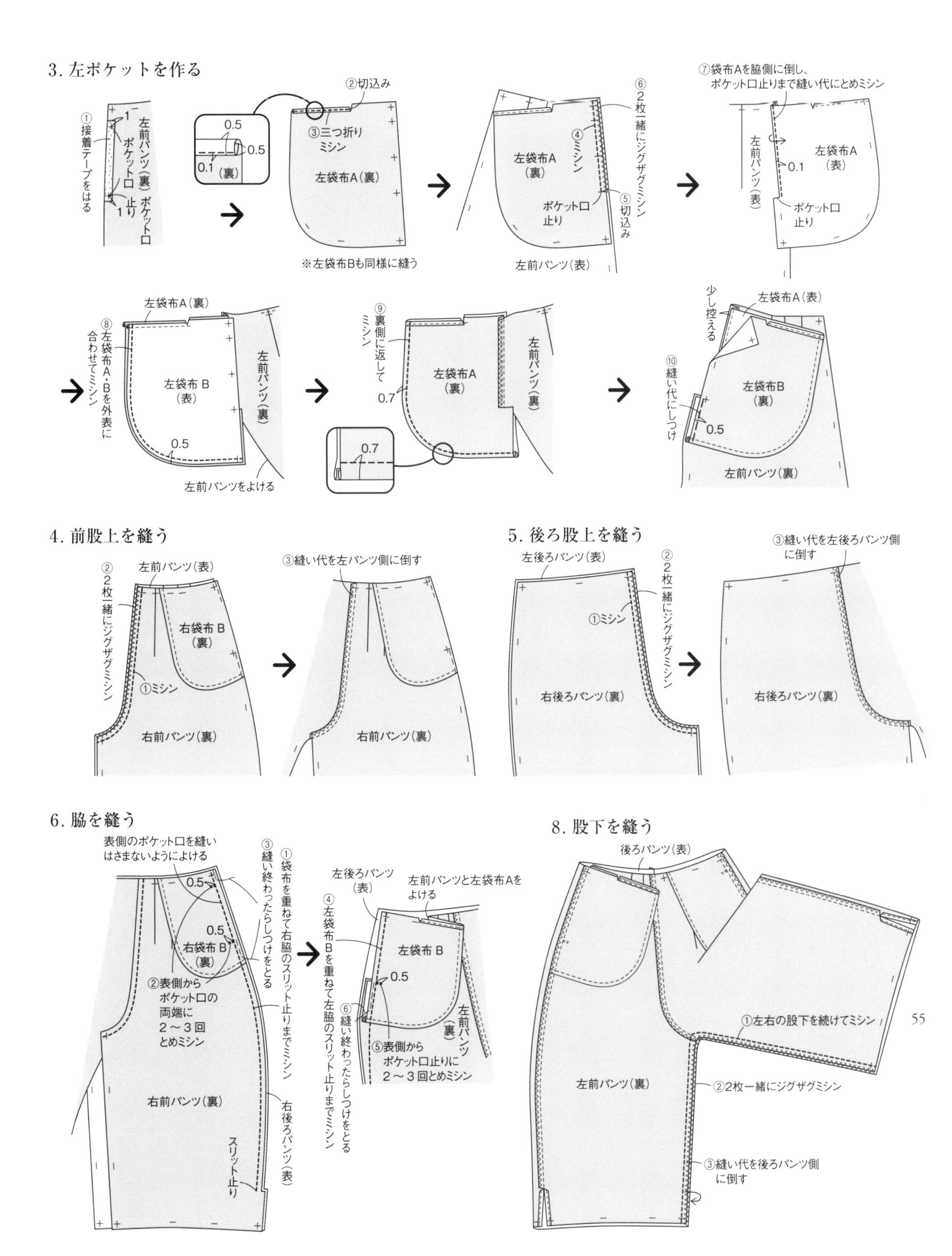
3. 左ポケットを作る
①接着テープをはる
左前パンツ（裏）
ポケット口
ポケット口止り
1
1
②切込み
0.5
0.5
0.1
（裏）
③三つ折りミシン
左袋布A（裏）
※左袋布Bも同様に縫う
⑥2枚一緒にジグザグミシン
④ミシン
左袋布A（裏）
ポケット口止り
⑤切込み
左前パンツ（表）
⑦袋布Aを脇側に倒し、
ポケット口止りまで縫い代にとめミシン
左前パンツ（表）
0.1
左袋布A（表）
ポケット口止り
左袋布A（裏）
⑧左袋布A・Bを外表に合わせてミシン
左袋布B（表）
左前パンツ（裏）
0.5
左前パンツをよける
⑨裏側に返してミシン
左袋布A（裏）
0.7
左前パンツ（裏）
0.7
少し控える
左袋布A（表）
⑩縫い代にしつけ
左袋布B（裏）
0.5
左前パンツ（裏）
4. 前股上を縫う
左前パンツ（表）
②2枚一緒にジグザグミシン
右袋布B（裏）
①ミシン
右前パンツ（裏）
③縫い代を左パンツ側に倒す
右前パンツ（裏）
5. 後ろ股上を縫う
左後ろパンツ（表）
②2枚一緒にジグザグミシン
①ミシン
右後ろパンツ（裏）
③縫い代を左後ろパンツ側に倒す
右後ろパンツ（裏）
6. 脇を縫う
表側のポケット口を縫いはさまないようによける
③縫い終わったらしつけをとる
①袋布を重ねて右脇のスリット止りまでミシン
0.5
0.5
右袋布B（裏）
②表側からポケット口の両端に2～3回とめミシン
右前パンツ（裏）
右後ろパンツ（表）
スリット止り
左後ろパンツ（表）
左前パンツと左袋布Aをよける
④左袋布Bを重ねて左脇のスリット止りまでミシン
左袋布B
0.5
⑥縫い終わったらしつけをとる
⑤表側からポケット口止りに2～3回とめミシン
左前パンツ（裏）
8. 股下を縫う
後ろパンツ（表）
①左右の股下を続けてミシン
左前パンツ（裏）
②2枚一緒にジグザグミシン
③縫い代を後ろパンツ側に倒す

9. 裾にギャザーを寄せ、カフスをつける

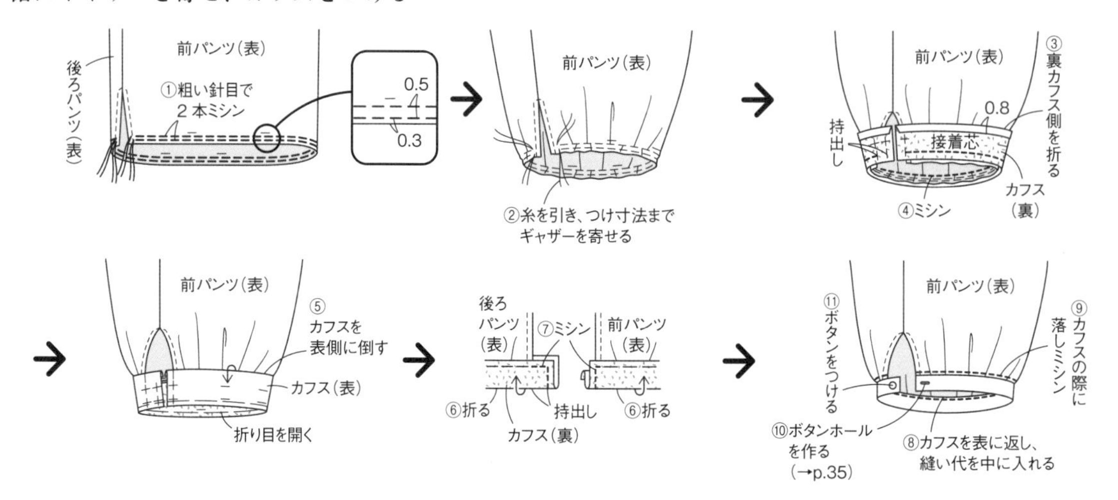

前パンツ(表)
後ろパンツ(表)
①粗い針目で
2本ミシン
0.5
0.3
②糸を引き、つけ寸法まで
ギャザーを寄せる
③裏カフス側を折る
0.8
持出し
接着芯
④ミシン
カフス(裏)
⑤カフスを
表側に倒す
カフス(表)
折り目を開く
後ろパンツ(表)
⑦ミシン
前パンツ(表)
⑥折る
持出し
カフス(裏)
⑪ボタンをつける
⑨カフスの際に落しミシン
⑩ボタンホール
を作る
(→p.35)
⑧カフスを表に返し、
縫い代を中に入れる

13. ウエストベルトの右脇を縫う

14. 胸当てとウエストベルトを縫う

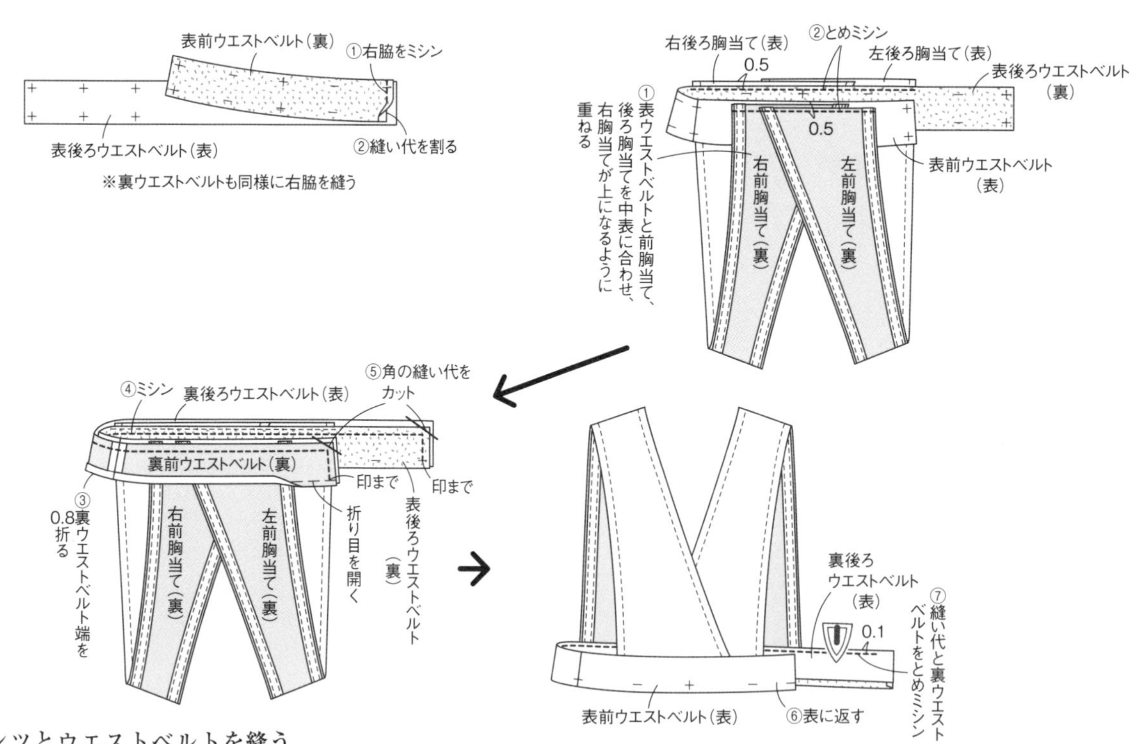

表前ウエストベルト(裏)
①右脇をミシン
表後ろウエストベルト(表)
②縫い代を割る
※裏ウエストベルトも同様に右脇を縫う
右後ろ胸当て(表)
②とめミシン
左後ろ胸当て(表)
0.5
表後ろウエストベルト
(裏)
①表ウエストベルトと前胸当て、後ろ胸当てを中表に合わせ、右胸当てが上になるように重ねる
0.5
右前胸当て(裏)
左前胸当て(裏)
表前ウエストベルト
(表)
④ミシン
裏後ろウエストベルト(表)
⑤角の縫い代を
カット
裏前ウエストベルト(裏)
印まで
印まで
③裏ウエストベルト端を0.8折る
折り目を開く
表後ろウエストベルト(裏)
右前胸当て(裏)
左前胸当て(裏)
裏後ろ
ウエストベルト
(表)
⑦縫い代と裏ウエストベルトをとめミシン
0.1
表前ウエストベルト(表)
⑥表に返す

15. パンツとウエストベルトを縫う

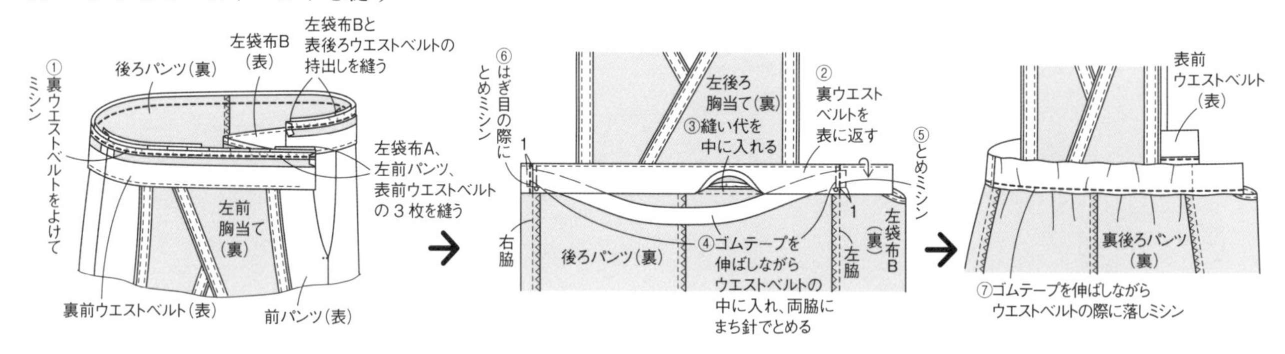

①裏ウエストベルトをよけてミシン
後ろパンツ(裏)
左袋布B
(表)
左袋布Bと
表後ろウエストベルトの
持出しを縫う
左袋布A、
左前パンツ、
表前ウエストベルト
の3枚を縫う
左前
胸当て
(裏)
裏前ウエストベルト(表)
前パンツ(表)
⑥はぎ目の際にとめミシン
1
左後ろ
胸当て(裏)
③縫い代を
中に入れる
②裏ウエスト
ベルトを
表に返す
⑤とめミシン
1
右脇
後ろパンツ(裏)
④ゴムテープを
伸ばしながら
ウエストベルトの
中に入れ、両脇に
まち針でとめる
左脇
左袋布B
(裏)
表前
ウエストベルト
(表)
裏後ろパンツ
(表)
⑦ゴムテープを伸ばしながら
ウエストベルトの際に落しミシン

J グレンチェックのエプロンドレス

Photo / P.31 　実物大パターン B 面

クラシックなグレンチェック柄のリネンで作ったエプロンドレス。スカート部分は、ギャザーではなく、大きめのタックを寄せて、子どもっぽくならないよう、すっきりと仕上げました。麦わら帽子が似合います。小さなころからずっと夢見たエプロンドレス。歳を重ねてもずっと着ていたい、そう思えるアイテムです。

［ 材料 ］※左から S/M/L/2L サイズ
表布（Pres-de　40 番手リネン 100% 先染めグレンチェック生地 ワッシャー加工 チャコール）
…120 ㎝幅 3m/3m/3m10 ㎝ /3m10 ㎝
接着芯…90 ㎝幅 70 ㎝
接着テープ…1.5 ㎝幅 40 ㎝
ボタン…直径 2 ㎝を 1 個
裏ボタン…直径 1.3 ㎝を 1 個
ゴムテープ…3 ㎝幅 32 ㎝ /36 ㎝ /40 ㎝ /44 ㎝

［ 出来上り寸法 ］※左から S/M/L/2L サイズ
ウエスト…65/71/77/83 ㎝
着丈…119/120.5/122/123.5 ㎝

［ 縫い方 ］
準備：前見返し、後ろ見返し、前袖ぐり見返し、後ろ袖ぐり見返し、表前ウエストベルト、表後ろウエストベルトに接着芯をはる。

［ 裁合せ図 ］

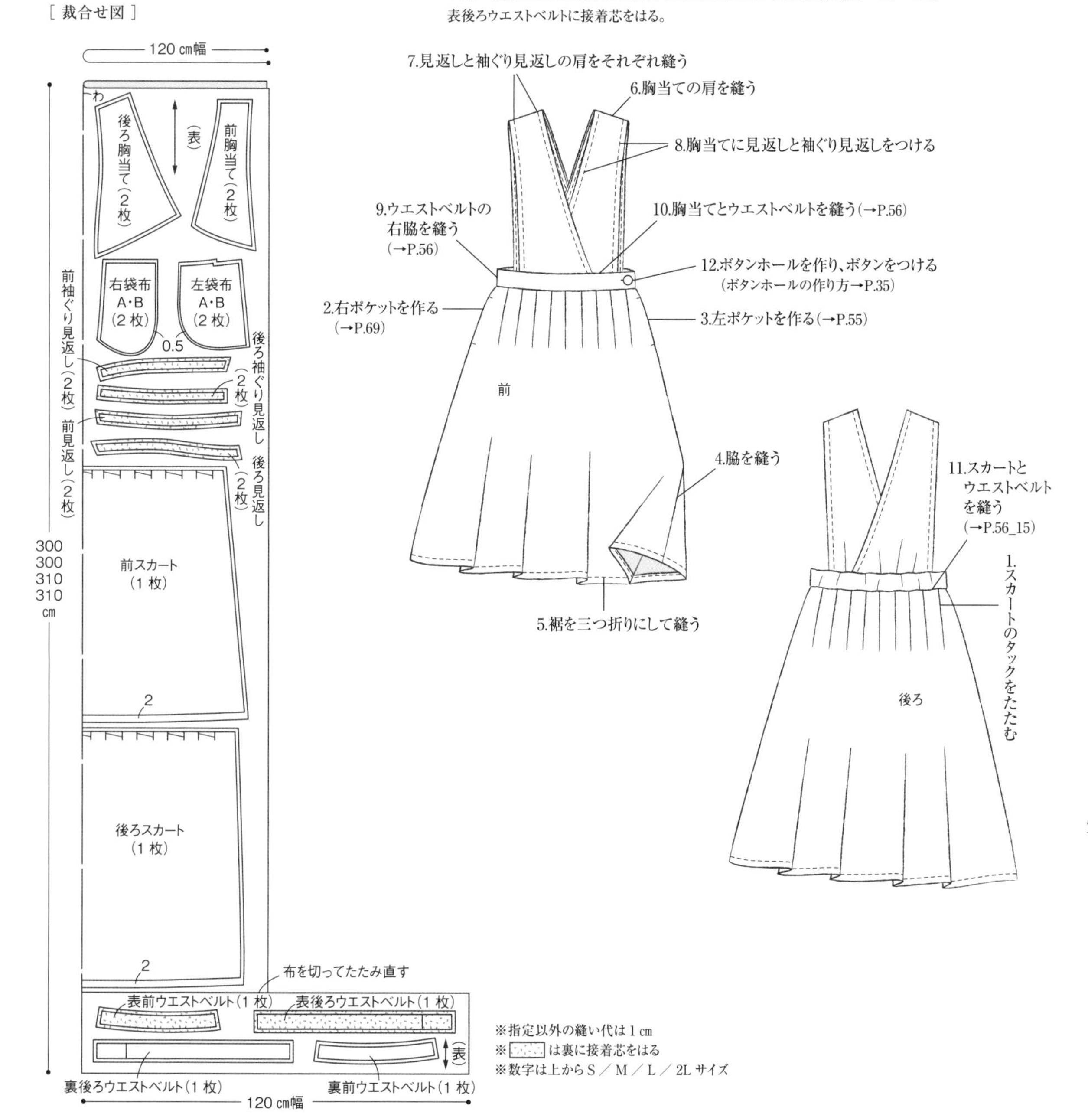

120 ㎝幅
わ
後ろ胸当て（2枚）
（表）
前胸当て（2枚）
右袋布 A・B（2枚）
左袋布 A・B（2枚）
0.5
前袖ぐり見返し（2枚）
後ろ袖ぐり見返し（2枚）
前見返し（2枚）
後ろ見返し（2枚）
300
300
310
310
㎝
前スカート（1枚）
2
後ろスカート（1枚）
2
布を切ってたたみ直す
表前ウエストベルト（1枚）
表後ろウエストベルト（1枚）
（表）
裏後ろウエストベルト（1枚）
裏前ウエストベルト（1枚）
120 ㎝幅
7.見返しと袖ぐり見返しの肩をそれぞれ縫う
6.胸当ての肩を縫う
8.胸当てに見返しと袖ぐり見返しをつける
9.ウエストベルトの右脇を縫う（→P.56）
10.胸当てとウエストベルトを縫う（→P.56）
12.ボタンホールを作り、ボタンをつける（ボタンホールの作り方→P.35）
2.右ポケットを作る（→P.69）
3.左ポケットを作る（→P.55）
前
4.脇を縫う
5.裾を三つ折りにして縫う
11.スカートとウエストベルトを縫う（→P.56_15）
1.スカートのタックをたたむ
後ろ

※指定以外の縫い代は 1 ㎝
※ ▒ は裏に接着芯をはる
※数字は上から S ／ M ／ L ／ 2L サイズ

1. スカートのタックをたたむ

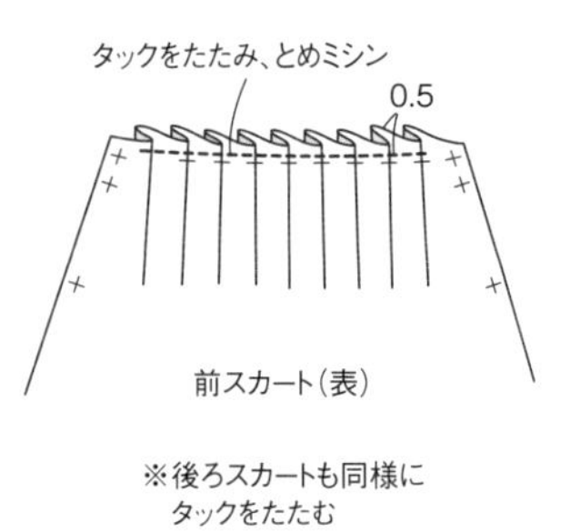

タックをたたみ、とめミシン
0.5
前スカート（表）

※後ろスカートも同様にタックをたたむ

4. 脇を縫う

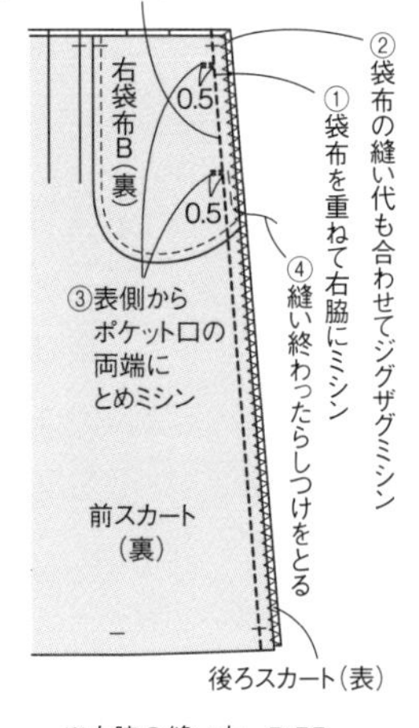

表側のポケット口を縫いはさまないようによける
②袋布の縫い代も合わせてジグザグミシン
①袋布を重ねて右脇にミシン
右袋布B（裏）
0.5
0.5
④縫い終わったらしつけをとる
③表側からポケット口の両端にとめミシン
前スカート（裏）
後ろスカート（表）

※左脇の縫い方→P.55

5. 裾を三つ折りにして縫う

①縫い代を後ろ側に倒す
前スカート（裏）
後ろスカート（裏）
②裾を三つ折りミシン
（裏）
0.1
1
1

6. 胸当ての肩を縫う

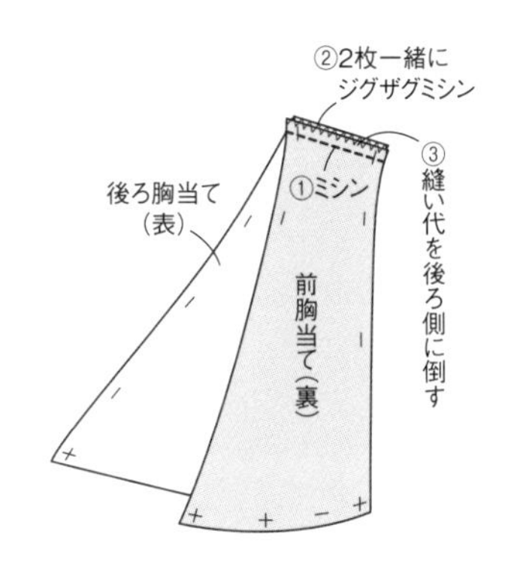

②2枚一緒にジグザグミシン
③縫い代を後ろ側に倒す
①ミシン
後ろ胸当て（表）
前胸当て（裏）

7. 見返しと袖ぐり見返しの肩をそれぞれ縫う

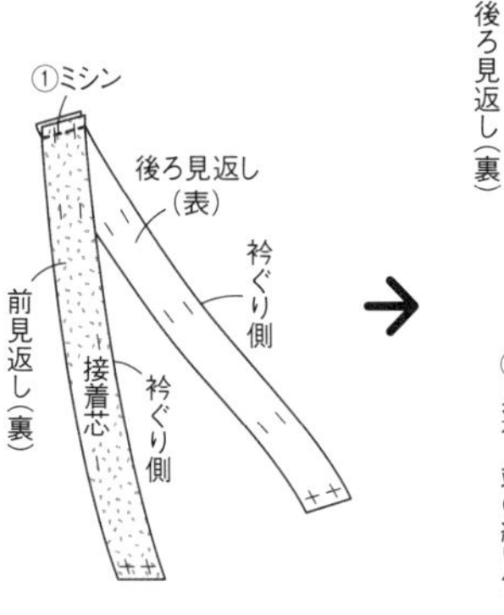

①ミシン
後ろ見返し（表）
衿ぐり側
前見返し（裏）
接着芯
衿ぐり側

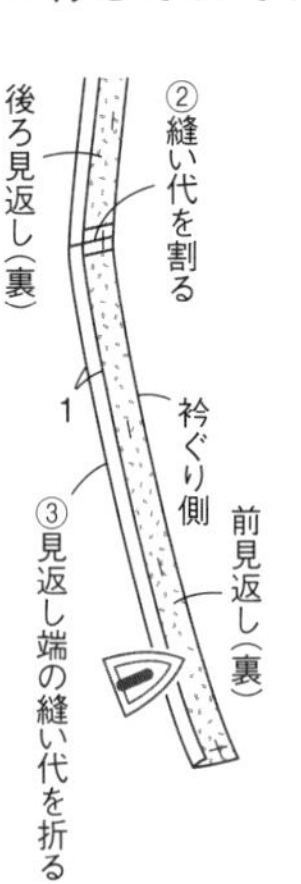

後ろ見返し（裏）
②縫い代を割る
1
衿ぐり側
③見返し端の縫い代を折る
前見返し（裏）

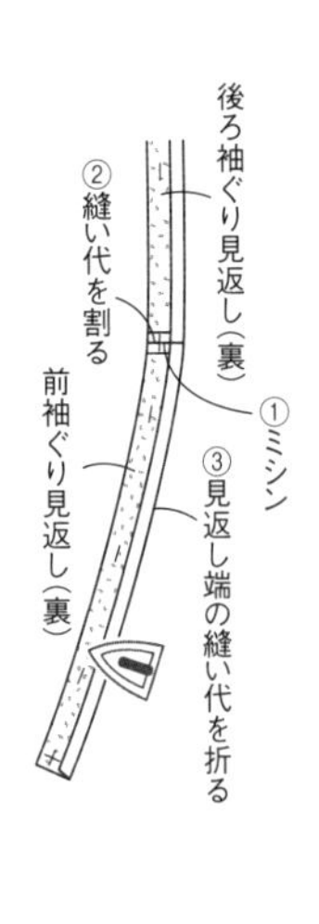

後ろ袖ぐり見返し（裏）
②縫い代を割る
①ミシン
前袖ぐり見返し（裏）
③見返し端の縫い代を折る

8. 胸当てに見返しと袖ぐり見返しをつける

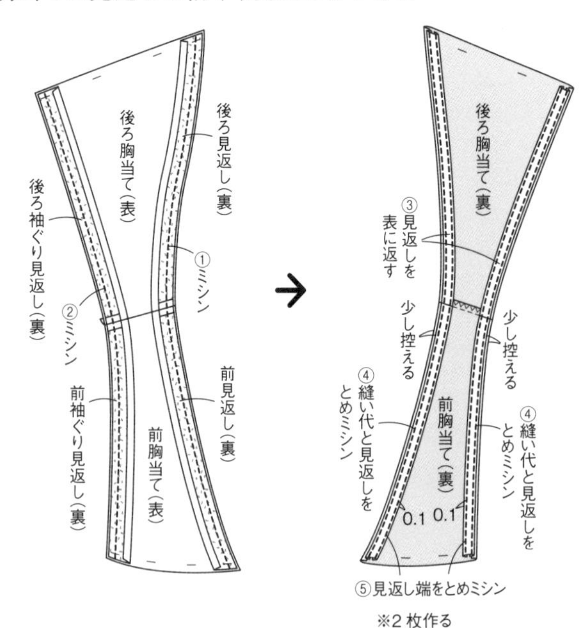

後ろ胸当て（表）
後ろ見返し（裏）
後ろ袖ぐり見返し（裏）
①ミシン
②ミシン
前袖ぐり見返し（裏）
前見返し（裏）
前胸当て（表）
後ろ胸当て（裏）
③見返しを表に返す
少し控える
少し控える
④縫い代と見返しをとめミシン
前胸当て（裏）
④縫い代と見返しをとめミシン
0.1
0.1
⑤見返し端をとめミシン

※2 枚作る

12. ボタンホールを作り、ボタンをつける

（ボタンホールの作り方→P.35）

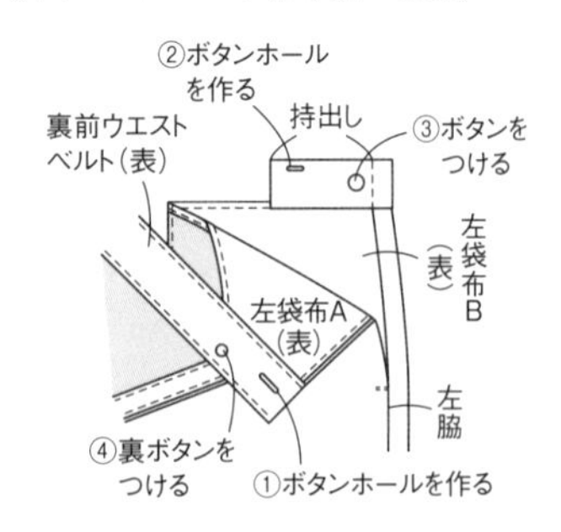

②ボタンホールを作る
持出し
③ボタンをつける
裏前ウエストベルト（表）
左袋布B（表）
左袋布A（表）
左脇
④裏ボタンをつける
①ボタンホールを作る

K ツーウェイ気分のエプロンドレス

Photo / P.06、P.24　実物大パターンＢ面

シャンブレーと無地のリネンで作ったツーウェイのエプロンドレス。スカート部分と胸当てが分かれる仕組みになっていて、ボタンを外すとタックのスカートに。スカート部分を無地やチェック柄など、何パターンか作って、いろんな組合せをしてみても楽しいはず。着るときはもちろん、でき上がるまでのワクワク感が止まらないアイテムです。

［ 材料 ］※左からS/M/L/2L サイズ

表布（APUHOUSE FABRIC　洗いをかけた先染めリネンシャンブレー 天日干し　ブラック）
…115 cm幅 2m20 cm /2m20 cm /2m30 cm /2m30 cm

別布 A（APUHOUSE FABRIC　洗いをかけた 40/1 番手フレンチオーバーダイドウォッシュ ブラック）
…112 cm幅 50 cm /50 cm /50 cm /60 cm

別布 B（コットン ブラック）
…90 cm幅 50 cm /50 cm /50 cm /60 cm

接着芯…90 cm幅 20 cm

接着テープ…1.5 cm幅 40 cm

くるみボタン…直径 1.8 cmを 3 個

裏ボタン…直径 1.3 cmを 5 個

ゴムテープ…3 cm幅 32 cm /36 cm /40 cm /44 cm

［ 出来上り寸法 ］※左からS/M/L/2L サイズ

ウエスト…65/71/77/83 cm

胸当て着丈…35.5/36/36.5/37 cm

スカート丈…74.5/75.5/76.5/77.5 cm

［ 裁合せ図 ］

〈表布〉

115 cm幅
わ
右袋布 A・B（2 枚）
左袋布 A・B（2 枚）
0.5
（表）
前スカート（1 枚）
220
220
230
230
cm
2
後ろスカート（1 枚）
2
表前ウエストベルト（1 枚）
布を切ってたたみ直す
裏後ろウエストベルト（1 枚）
表後ろウエストベルト（1 枚）
裏前ウエストベルト（1 枚）
115 cm幅

〈別布 A〉

タック折り山
わ
わ
50
50
50
60
cm
（表）
表後ろ胸当て（1 枚）
表前胸当て（1 枚）
3
3
3
3
112 cm幅

〈別布 B〉

わ
わ
50
50
50
60
cm
裏後ろ胸当て（1 枚）
裏前胸当て（1 枚）
（表）
90 cm幅

※指定以外の縫い代は 1 cm

※ は裏に接着芯をはる

※数字は上からS ／ M ／ L ／ 2L サイズ

［ 縫い方 ］

準備：表前ウエストベルト、表後ろウエストベルト、表前胸当て・表後ろ胸当てのボタンホール位置に接着芯をはる。

2.胸当ての肩を縫う
3.表胸当てと裏胸当てを縫う
1.胸当てのタックを縫う
9.前ウエストベルトと後ろウエストベルトを縫う
11.ボタンホールを作り、ボタンをつける（→P.58）
5.右ポケットを作る（→P.69）
6.左ポケットを作る（→P.55）
前
7.脇を縫う（→P.58）
8.裾を三つ折りにして縫う
（裏）
0.1
1
1
4.スカートのタックをたたむ（→P.58）
12.裏ウエストベルトに裏ボタンをつける
10.スカートとウエストベルトを縫う（→P.56_15）
後ろ

1. 胸当てのタックを縫う

表前胸当て（表）
①タックを折り山で折り、ミシン
タック折り山
表胸当て（裏）
接着芯
表前胸当て（表）
②左側のタックも同様に縫う
③タックを脇側に倒す

2. 胸当ての肩を縫う

①ミシン
表後ろ胸当て(表)
②縫い代を割る
表前胸当て(裏)

※裏胸当ても同様に縫う

3.表胸当てと裏胸当てを縫う

裏前胸当て(裏)
表前胸当て(表)
②カーブ部分に切込み
①表胸当てと裏胸当てを中表に合わせて衿ぐりをミシン
表後ろ胸当て(表)
裏後ろ胸当て(裏)

裏前胸当て(表)
表前胸当て(裏)
④衿ぐり縫い代と裏胸当てをとめミシン
0.1
③表に返す
裏後ろ胸当て(表)
表後ろ胸当て(裏)

⑥表後ろ胸当てと裏後ろ胸当ての裾を中表に合わせる
⑦印まで裾をミシン
裏後ろ胸当て(表)
表後ろ胸当て(裏)
⑤前胸当ては縫い込まないようにまとめる
⑧前胸当てを引き出す

⑫裾縫い代と裏前胸当てをとめミシン
⑨前胸当ての裾も同様に縫う
0.1
印まで　印まで
裏前胸当て(表)
表前胸当て(裏)
⑩表に返す
裏後ろ胸当て(表)
表後ろ胸当て(裏)
印まで　印まで
0.1
⑪裾縫い代と裏後ろ胸当てをとめミシン

表前胸当て(表)
裏前胸当て(裏)
⑬半分に折り、表胸当てと裏胸当てを中表に合わせる
⑭ミシン
返し口を縫い残す
⑮返し口から引き出す
裏後ろ胸当て(裏)
表後ろ胸当て(表)

裏前胸当て(表)
⑯表に返す
裏後ろ胸当て(表)

⑰反対側も同様にして半分に折る
裏前胸当て(裏)
表前胸当て(表)
⑱ミシン
返し口を縫い残す
⑲返し口から引き出す
裏後ろ胸当て(裏)
表後ろ胸当て(表)

⑳返し口から表に返し、返し口をコの字とじ
裏後ろ胸当て(表)
㉑表側からボタンホールを作る(→p.35)
裏後ろ胸当て(表)
表前胸当て(表)
㉒ボタンホールを作る

9.前ウエストベルトと後ろウエストベルトを縫う

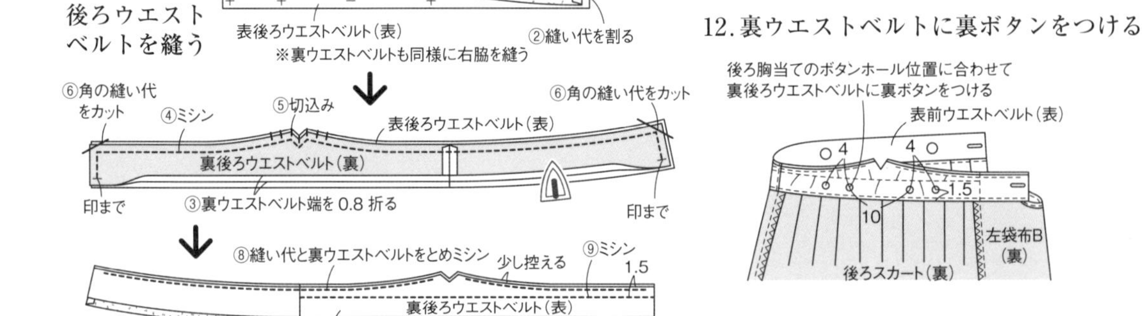

表前ウエストベルト(裏)
①右脇をミシン
接着芯
表後ろウエストベルト(表)
②縫い代を割る
※裏ウエストベルトも同様に右脇を縫う
⑥角の縫い代をカット
④ミシン
⑤切込み
⑥角の縫い代をカット
表後ろウエストベルト(表)
裏後ろウエストベルト(裏)
印まで
③裏ウエストベルト端を0.8 折る
印まで
⑧縫い代と裏ウエストベルトをとめミシン
少し控える
⑨ミシン
1.5
裏後ろウエストベルト(表)
⑦表に返す
表後ろウエストベルト(裏)
12. 裏ウエストベルトに裏ボタンをつける
後ろ胸当てのボタンホール位置に合わせて
裏後ろウエストベルトに裏ボタンをつける
表前ウエストベルト(表)
4
4
1.5
10
左袋布B
(裏)
後ろスカート(裏)

L バルーンスリーブブラウス

Photo / P.08、P.09　実物大パターン D 面

ティーシャツ感覚で着回せて、夏の定番にしたいほどかわいいブラウス。胸もとから流れるように連なるタックによって生まれる、ふわっとボリュームのある袖。黒のパイピングと後ろリボン。私の好きなディテールをいっぱい詰め込みました。リネンだとタックのくせがつくのでアイロンの手間が省けます。甘くなりすぎないように、シックな色で。

［ 材料 ］※左からS/M/L/2L サイズ

表布(Pres-de　60 番シャンブレーベルギー産プリミエルリネン ローン生地
国内染め ヴィンテージワッシャー加工 グレージュ)
…112 cm幅 1m50 cm /1m50 cm /1m60 cm /1m60 cm
別布(リネン 黒)
…50 × 80 cm /80 cm /80 cm /80 cm
接着芯…90 cm幅 40 cm
山高くるみボタン…直径 1 cmを 3 個

［ 出来上り寸法 ］※左からS/M/L/2L サイズ

バスト…117/121/125/129 cm
着丈…52/53/54/55 cm

［ 縫い方 ］

準備：後ろ見返し、カフスに接着芯をはる。
後ろ中心の縫い代にジグザグミシンをかける。

2.後ろ見返しを作る
3.後ろ見返しをつけ、後ろあきを作る
6.布ループを作り、衿ぐりをパイピングする
(布ループの作り方→P.35)
5.肩を縫い、袖口あきを作る
9.袖口にギャザーを寄せ、カフスをつける
前
4.タックを縫う
(→P.63)
10.リボンを作る(→P.63)
11.リボン、くるみボタンをつける
(→P.63)
後ろ
1.後ろ中心を縫う
7.袖下、脇を縫う
8.スリットあきを作り、裾を縫う

［ 裁合せ図 ］

〈表布〉

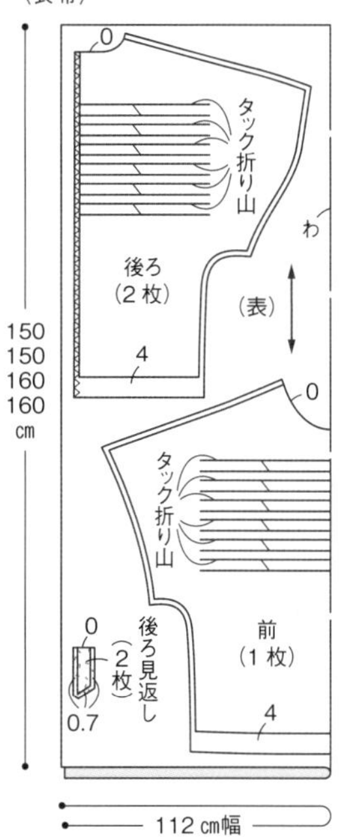

0
タック折り山
後ろ
(2 枚)
わ
(表)
4
150
150
160
160
cm
0
タック折り山
0
後ろ見返し
(2 枚)
0.7
前
(1 枚)
4
112 cm幅

〈別布〉

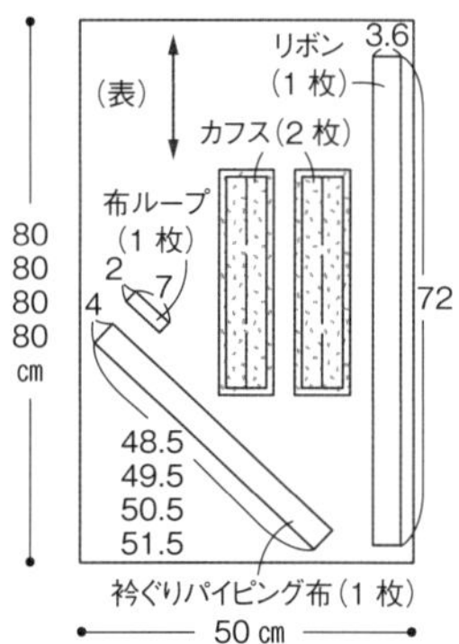

(表)
リボン
(1 枚)
3.6
カフス(2 枚)
布ループ
(1 枚)
2
7
4
80
80
80
80
cm
72
48.5
49.5
50.5
51.5
衿ぐりパイピング布(1 枚)
50 cm

※指定以外の縫い代は 1 cm
※▒▒ は裏に接着芯をはる
※ ╲╱╲╱ は縫い代にジグザグミシンをかける
※数字は上から S ／ M ／ L ／ 2L サイズ
※布ループ、衿ぐりパイピング布、リボンは
裁ち方図の寸法で直接布をカットする

1. 後ろ中心を縫う

後ろ(表)
あき止り
①ミシン
後ろ
(裏)
②縫い代を割る

2. 後ろ見返しを作る

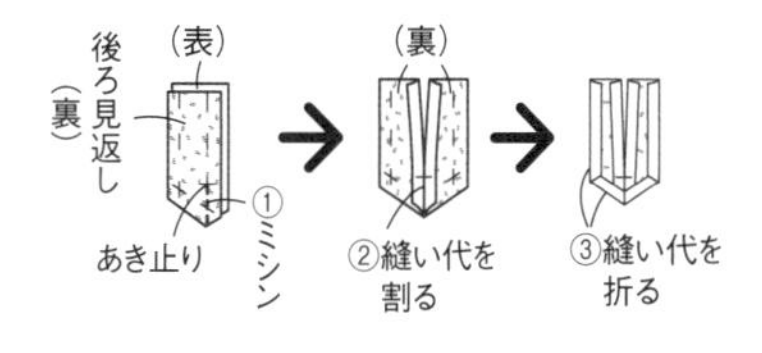

後ろ見返し
(裏)
(表)
①ミシン
あき止り
(裏)
②縫い代を割る
③縫い代を折る

3. 後ろ見返しをつけ、後ろあきを作る

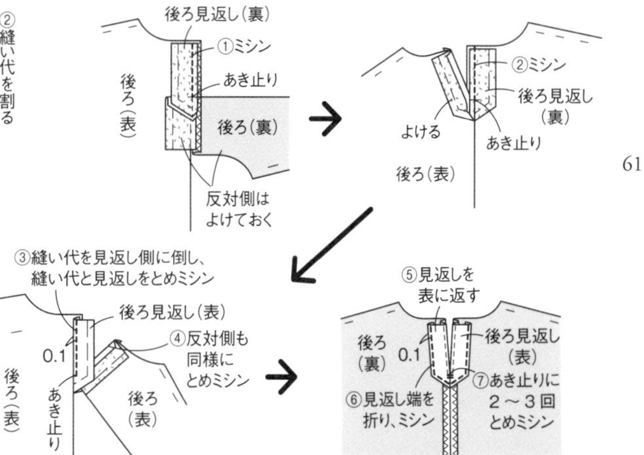

後ろ見返し(裏)
①ミシン
後ろ(表)
あき止り
後ろ(裏)
反対側はよけておく
②ミシン
後ろ見返し(裏)
よける
あき止り
後ろ(表)
③縫い代を見返し側に倒し、縫い代と見返しをとめミシン
後ろ見返し(表)
④反対側も同様にとめミシン
0.1
後ろ(表)
あき止り
後ろ(表)
⑤見返しを表に返す
後ろ(裏)
0.1
後ろ見返し(表)
⑥見返し端を折り、ミシン
⑦あき止りに2～3回とめミシン

5. 肩を縫い、袖口あきを作る

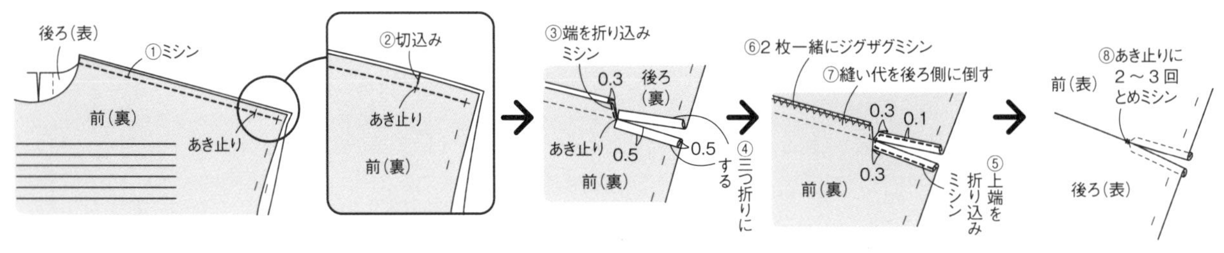
後ろ(表)
①ミシン
前(裏)
あき止り
②切込み
あき止り
前(裏)
③端を折り込み
ミシン
0.3
後ろ(裏)
あき止り
0.5
0.5
前(裏)
④三つ折りにする
⑥2枚一緒にジグザグミシン
⑦縫い代を後ろ側に倒す
0.3
0.1
0.3
前(裏)
⑤上端を折り込みミシン
前(表)
⑧あき止りに
2～3回
とめミシン
後ろ(表)

6. 布ループを作り、衿ぐりをパイピングする

(布ループの作り方→p.35)

7. 袖下、脇を縫う

8. スリットあきを作り、裾を縫う

9. 袖口にギャザーを寄せ、カフスをつける

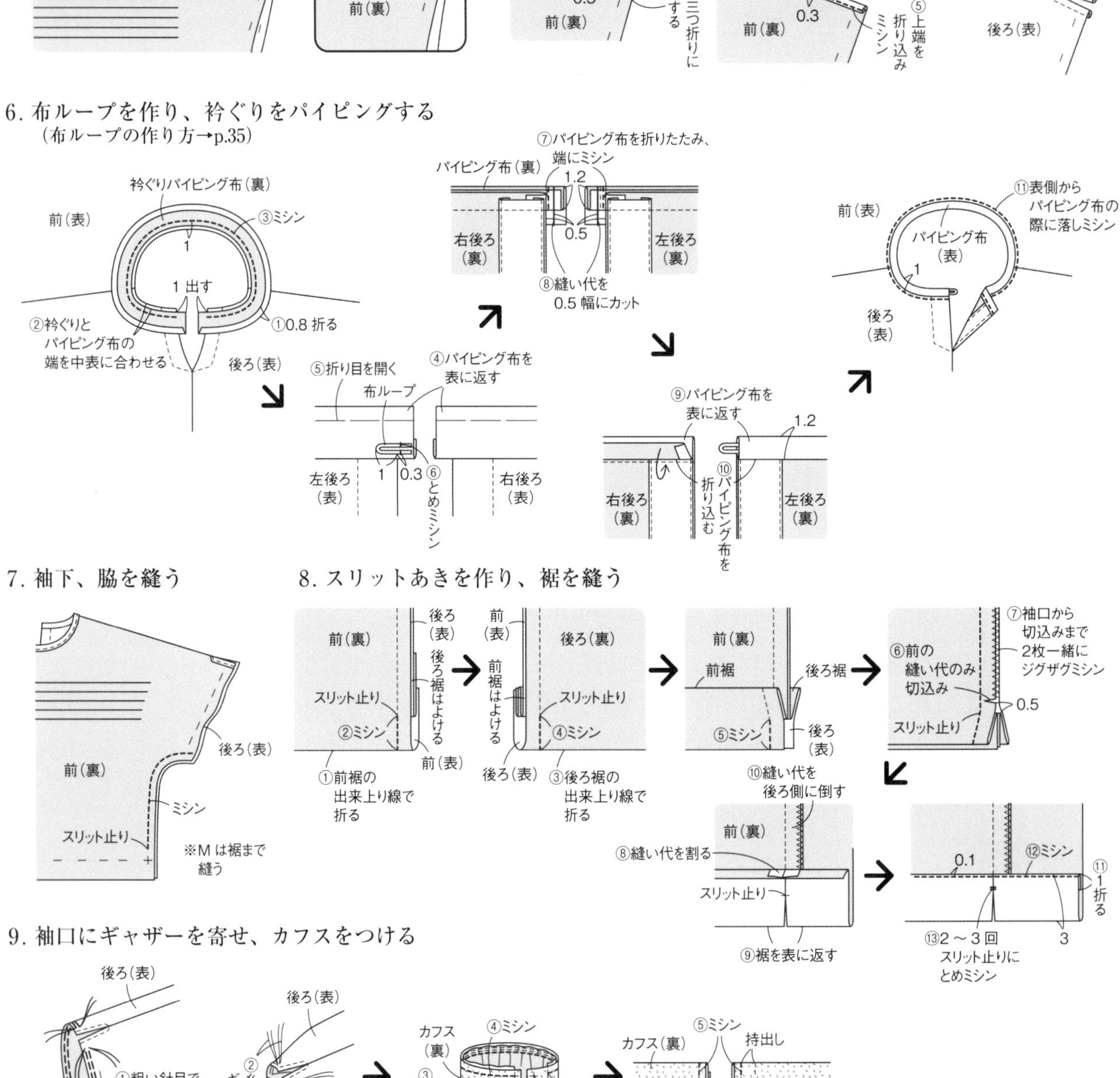
衿ぐりパイピング布(裏)
前(表)
③ミシン
1
1出す
②衿ぐりと
パイピング布の
端を中表に合わせる
①0.8折る
後ろ(表)
⑦パイピング布を折りたたみ、
端にミシン
パイピング布(裏)
1.2
0.5
右後ろ
(裏)
左後ろ
(裏)
⑧縫い代を
0.5幅にカット
⑤折り目を開く
④パイピング布を
表に返す
布ループ
左後ろ
(表)
1
0.3
⑥とめミシン
右後ろ
(表)
⑨パイピング布を
表に返す
1.2
右後ろ
(裏)
⑩パイピング布を折り込む
左後ろ
(裏)
前(表)
⑪表側から
パイピング布の
際に落しミシン
パイピング布
(表)
1
後ろ
(表)
前(裏)
後ろ(表)
ミシン
スリット止り
※Mは裾まで
縫う
前(裏)
後ろ
(表)
後ろ裾はよける
スリット止り
②ミシン
前(表)
①前裾の
出来上り線で
折る
前
(表)
前裾はよける
後ろ(裏)
スリット止り
④ミシン
後ろ(表)
③後ろ裾の
出来上り線で
折る
前(裏)
前裾
後ろ裾
⑤ミシン
後ろ
(表)
⑥前の
縫い代のみ
切込み
⑦袖口から
切込みまで
2枚一緒に
ジグザグミシン
0.5
スリット止り
⑩縫い代を
後ろ側に倒す
前(裏)
⑧縫い代を割る
スリット止り
⑨裾を表に返す
0.1
⑫ミシン
⑪1折る
⑬2～3回
スリット止りに
とめミシン
3
後ろ(表)
①粗い針目で
2本ミシン
0.3
(表)
0.5
後ろ(表)
②糸を引き、つけ寸法まで
ギャザーを寄せる
前(表)
カフス
(裏)
④ミシン
③裏カフス側を折る
持出し
0.8
前(表)
後ろ
(表)
カフス(裏)
⑤ミシン
持出し
前(表)
折り目
を開く
後ろ(表)
⑥カフスを
表に返す
カフス(表)
後ろ(裏)
⑦カフスを折り目で折り、
縫い代を中に入れる
前(裏)
⑨ボタンホールを作る
(→p.35)
⑩ボタンをつける
後ろ
(表)
⑧カフスの際に
落しミシン

M バルーンスリーブワンピース

Photo / P.07　実物大パターンD面

Lのバルーンスリーブブラウスの着丈を長くしてワンピースを作りました。ゆったり&ストンとしたシルエットなので、リラックスできる着心地です。ブラウン×黒でシックにまとめてみました。袖のタックがくったりとなじむ、リネン素材が向いています。

［ 材料 ］※左からS/M/L/2Lサイズ

表布(生地の森　ワイド幅ベルギーリネン 1/40番手 ブラウン)

…140 cm幅 2m70 cm /2m70 cm /2m70 cm /2m80 cm

別布(リネン　ブラック)

…50 × 80 cm /80 cm /80 cm /80 cm

接着芯…90 cm幅 40 cm

ボタン…直径1 cmを3個

［ 出来上り寸法 ］※左からS/M/L/2Lサイズ

バスト…117/121/125/129 cm

着丈…110/111.5/113/114.5 cm

［ 裁合せ図 ］

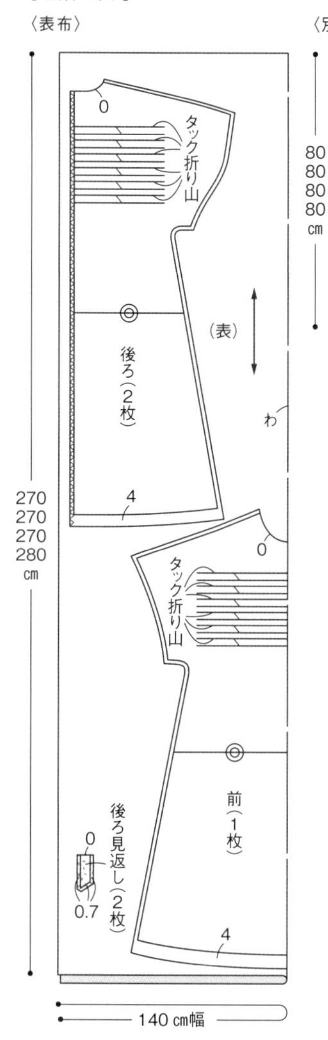

〈表布〉
0
タック折り山
(表)
後ろ(2枚)
わ
4
270
270
270
280
cm
0
タック折り山
前(1枚)
後ろ見返し(2枚)
0
0.7
4
140 cm幅

〈別布〉

(表)
カフス(2枚)
布ループ(1枚)
リボン(1枚)
3.6
2
7
4
72
80
80
80
80
cm
48.5
49.5
50.5
51.5
衿ぐりパイピング布(1枚)
50 cm

※指定以外の縫い代は1 cm

※▒ は裏に接着芯をはる

※ ╲╱╲╱ は縫い代にジグザグミシンをかける

※数字は上からS／M／L／2Lサイズ

※布ループ、衿ぐりパイピング布、リボンは裁ち方図の寸法で直接布をカットする

※前身頃、後ろ身頃のパターンは◎で突き合わせて写す

［ 縫い方 ］　準備：後ろ見返し、カフスに接着芯をはる。後ろ中心の縫い代にジグザグミシンをかける。

2. 後ろ見返しを作る(→P.61)

3. 後ろ見返しをつけ、後ろあきを作る(→P.61)

6. 布ループを作り、衿ぐりをパイピングする(→P.62)(布ループの作り方→P.35)

5. 肩を縫い、袖口あきを作る(→P.62)

4. タックを縫う

7. 袖下、脇を縫う(→P.62)

前

8. 裾を三つ折りにして縫う

(裏)
0.1
1
3

9. 袖口にギャザーを寄せ、カフスをつける(→P.62)

10. リボンを作る

11. リボン、ボタンをつける

後ろ

1. 後ろ中心を縫う(→P.61)

4. タックを縫う

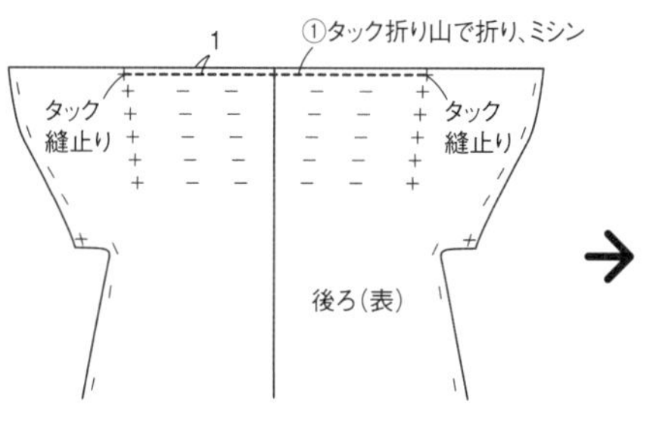

1
①タック折り山で折り、ミシン
タック縫止り
タック縫止り
後ろ(表)

②残りのタックも同様に縫う

③タックを下側に倒す

後ろ(表)

※前身頃も同様にタックを縫う

10. リボンを作る

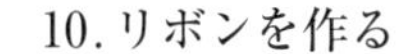

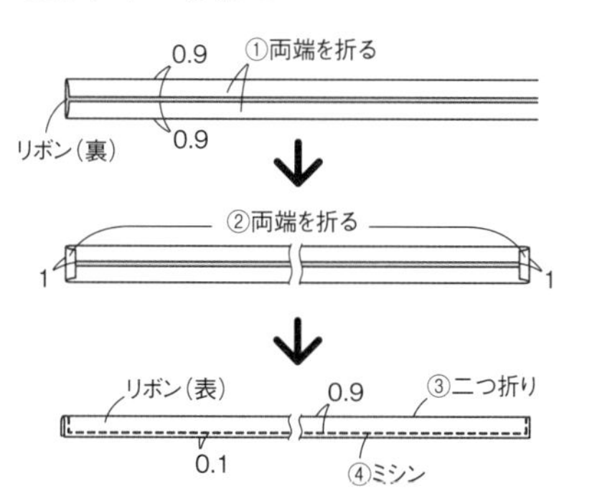

0.9
①両端を折る
0.9
リボン(裏)
②両端を折る
1
1
リボン(表)
0.9
③二つ折り
0.1
④ミシン

11. リボン、ボタンをつける

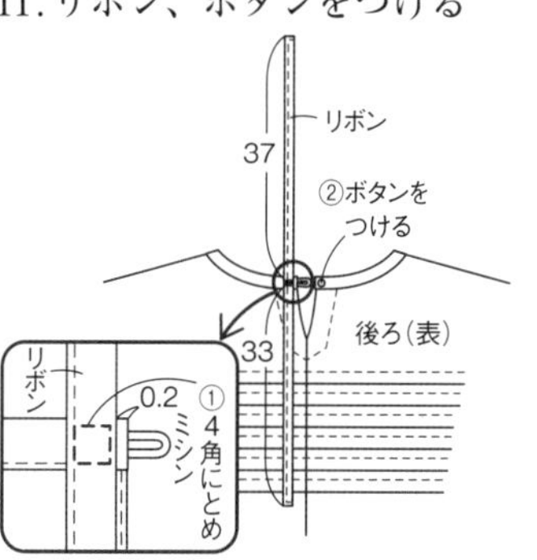

リボン
37
②ボタンをつける
33
後ろ(表)
リボン
0.2
①4角にとめミシン

N セーラーカラーのブラウス

Photo / P.18　実物大パターンB面

フランスの古い映画のヒロインが着ていそうなセーラーカラーのブラウスを、風合い豊かなリネン生地で。細い黒のリボンを縫いつけて、落ち着いた大人のブラウスに仕上げましたが、ネイビーに替えてマリンらしいスタイルにしても。お好みでアレンジを。

［ 材料 ］※左からS/M/L/2Lサイズ

表布（生地の森　洗いこまれたラミーリネン1/60番手 オフホワイト）
…110 cm幅 1m80 cm /1m80 cm /1m90 cm /2m
接着芯…90 cm幅 60 cm
山高くるみボタン…直径1 cmを10個
リボンテープ（黒）…0.6 cm幅 1m80 cm

［ 出来上り寸法 ］※左からS/M/L/2Lサイズ

バスト…113/117/121/125 cm
着丈…58/59/60/61 cm
袖丈…26/27/28/29 cm

［ 縫い方 ］

準備：表衿、前見返し、袖口見返しに接着芯をはる。

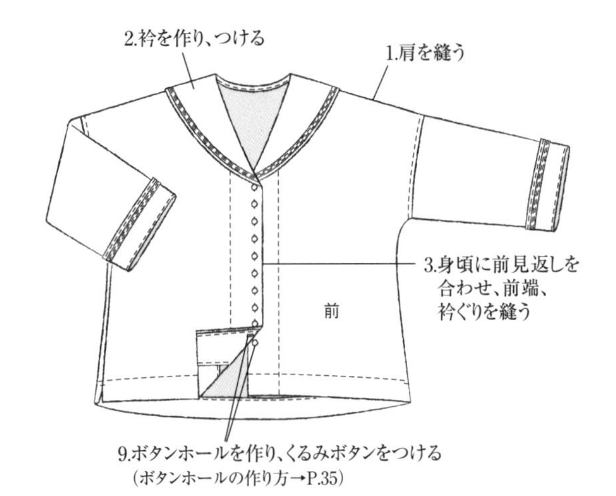

2.衿を作り、つける
1.肩を縫う
3.身頃に前見返しを合わせ、前端、衿ぐりを縫う
前
9.ボタンホールを作り、くるみボタンをつける
（ボタンホールの作り方→P.35）

4.身頃に袖をつける
7.袖口見返しを作る
8.袖口に袖口見返しをつける
5.袖下、脇を縫う
後ろ
6.スリットあきを作り、裾を縫う（→P.62）
（裏）
0.1
1
4

［ 裁合せ図 ］

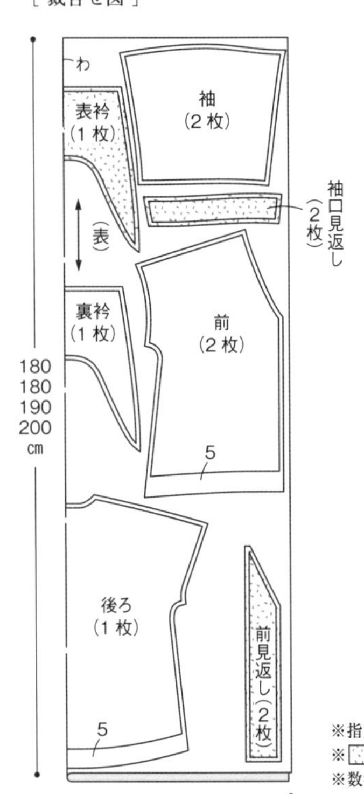

わ
表衿（1枚）
袖（2枚）
袖口見返し（2枚）
（表）
裏衿（1枚）
前（2枚）
5
180
180
190
200
cm
後ろ（1枚）
前見返し（2枚）
5
110 cm幅

※指定以外の縫い代は1 cm
※▒▒は裏に接着芯をはる
※数字は上からS／M／L／2Lサイズ

1. 肩を縫う

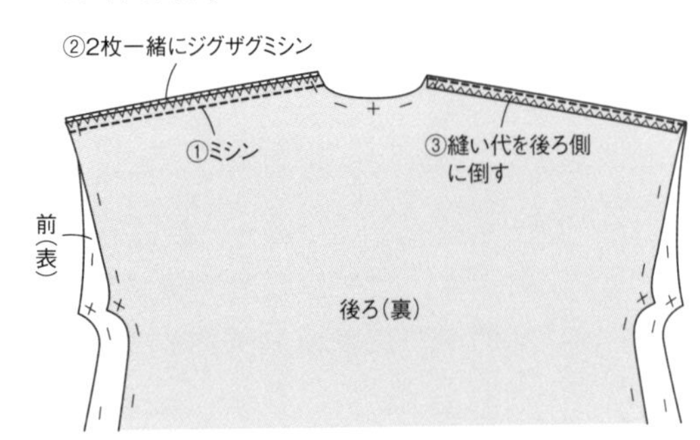

②2枚一緒にジグザグミシン
①ミシン
③縫い代を後ろ側に倒す
前（表）
後ろ（裏）

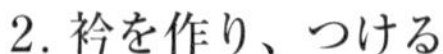

2. 衿を作り、つける

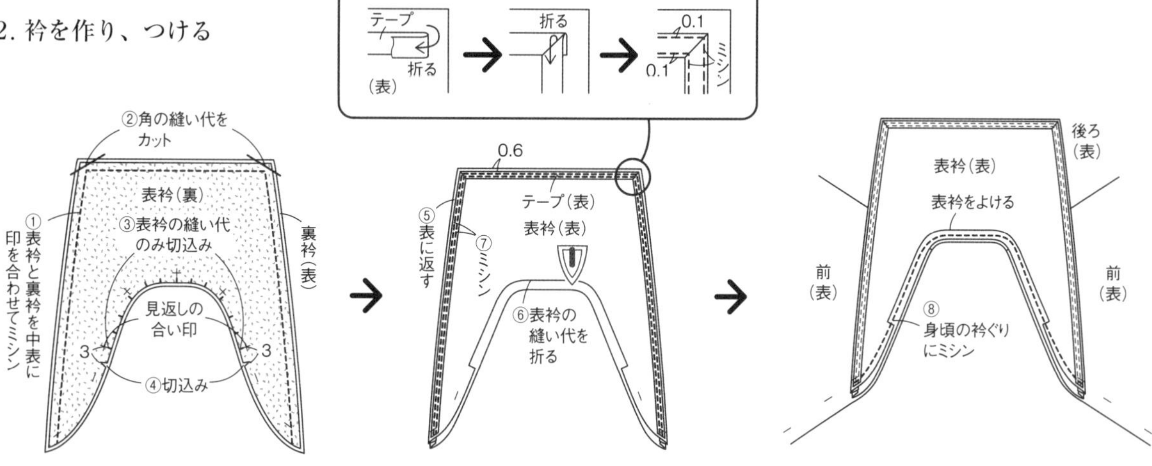

テープ
折る
(表)
折る
0.1
0.1
ミシン
②角の縫い代をカット
表衿(裏)
③表衿の縫い代のみ切込み
①表衿と裏衿を中表に印を合わせてミシン
裏衿(表)
見返しの合い印
3
3
④切込み
0.6
テープ(表)
⑤表に返す
⑦ミシン
表衿(表)
⑥表衿の縫い代を折る
後ろ(表)
表衿(表)
表衿をよける
前(表)
前(表)
⑧身頃の衿ぐりにミシン

3. 身頃に前見返しを合わせ、前端、衿ぐりを縫う

4. 身頃に袖をつける

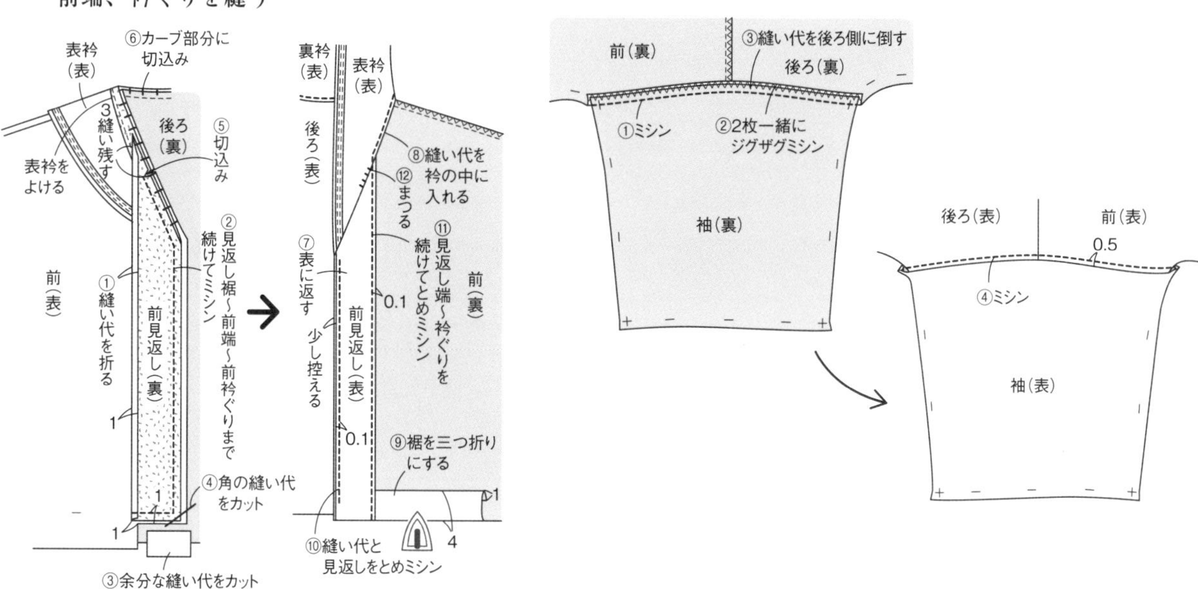

表衿(表)
⑥カーブ部分に切込み
3縫い残す
後ろ(裏)
⑤切込み
表衿をよける
②見返し裾～前端～前衿ぐりまで続けてミシン
前(表)
①縫い代を折る
前見返し(裏)
1
1
1
④角の縫い代をカット
③余分な縫い代をカット
裏衿(表)
表衿(表)
後ろ(表)
⑧縫い代を衿の中に入れる
⑫まつる
⑦表に返す
⑪見返し端～衿ぐりを続けてとめミシン
0.1
前(裏)
少し控える
前見返し(表)
0.1
⑨裾を三つ折りにする
1
4
⑩縫い代と見返しをとめミシン
前(裏)
③縫い代を後ろ側に倒す
後ろ(裏)
①ミシン
②2枚一緒にジグザグミシン
袖(裏)
後ろ(表)
前(表)
0.5
④ミシン
袖(表)

5. 袖下、脇を縫う

7. 袖口見返しを作る

8. 袖口に袖口見返しをつける

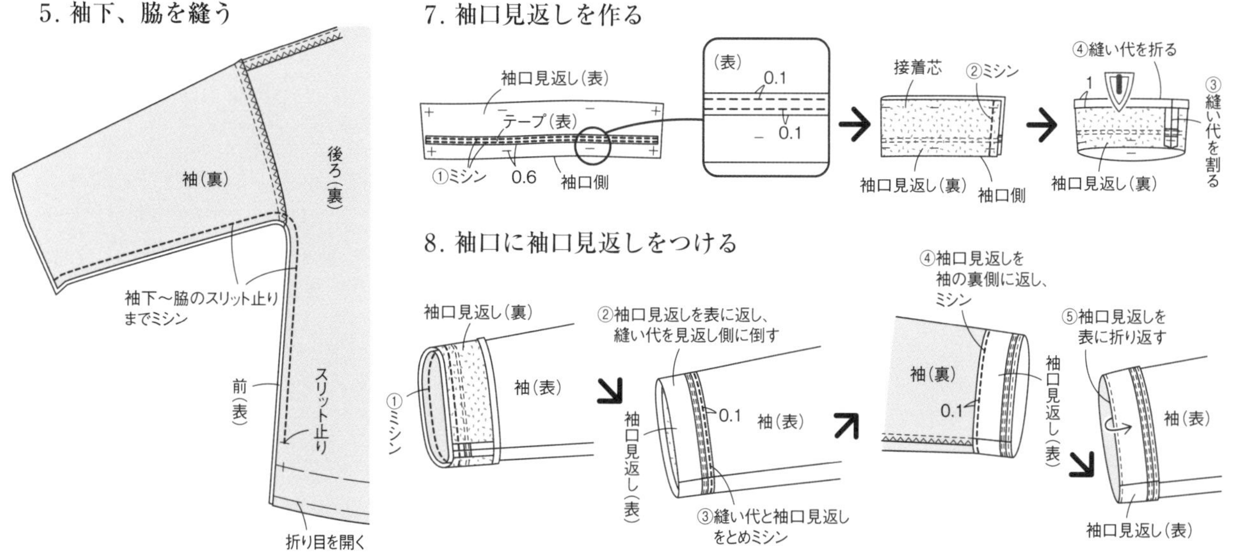

袖(裏)
後ろ(裏)
袖下～脇のスリット止りまでミシン
前(表)
スリット止り
折り目を開く
袖口見返し(表)
テープ(表)
①ミシン
0.6
袖口側
(表)
0.1
0.1
接着芯
②ミシン
袖口見返し(裏)
袖口側
④縫い代を折る
1
③縫い代を割る
袖口見返し(裏)
袖口見返し(裏)
①ミシン
袖(表)
②袖口見返しを表に返し、縫い代を見返し側に倒す
0.1
袖(表)
袖口見返し(表)
③縫い代と袖口見返しをとめミシン
④袖口見返しを袖の裏側に返し、ミシン
袖(裏)
0.1
袖口見返し(表)
⑤袖口見返しを表に折り返す
袖(表)
袖口見返し(表)

O ショールカラーのロングワンピース

Photo / P.26　実物大パターンＢ面

デニムのような、インディゴ染めのベルギーリネンで作ったワンピース。首もとがすっきりときれいに見えるショールカラーは落ち着いた女性のイメージ。コロコロっと並んだくるみボタンはアイボリー色でさわやかな感じにまとめてみました。

［ 材料 ］※左からS/M/L/2Lサイズ
表布（Pres-de　40/1ワイド幅 フレンチリネン生地 先染め インディゴ染め無地 インディゴブルー）
…146㎝幅 3m/3m/3m10㎝/3m10㎝
接着芯…90㎝幅 60㎝
山高くるみボタン…直径1㎝を8個

［ 出来上り寸法 ］※左からS/M/L/2Lサイズ
バスト…113/117/121/125㎝
着丈…117/118.5/120/121.5㎝
袖丈…26/27/28/29㎝

［ 裁合せ図 ］

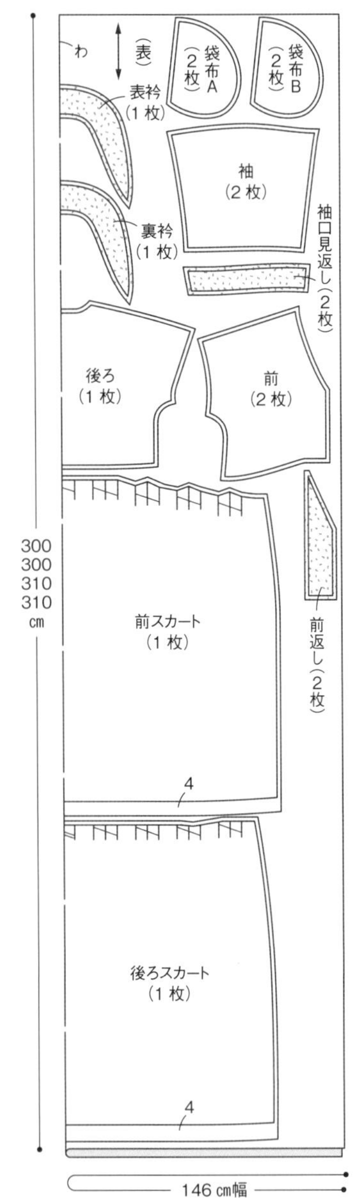

わ
（表）
袋布A（2枚）
袋布B（2枚）
表衿（1枚）
袖（2枚）
裏衿（1枚）
袖口見返し（2枚）
後ろ（1枚）
前（2枚）
300
300
310
310
㎝
前スカート（1枚）
前見返し（2枚）
4
後ろスカート（1枚）
4
146㎝幅

※指定以外の縫い代は1㎝
※［ ］は裏に接着芯をはる
※数字は上からS／M／L／2Lサイズ

［ 縫い方 ］
準備：表衿、裏衿、前見返し、袖口見返しに接着芯をはる。

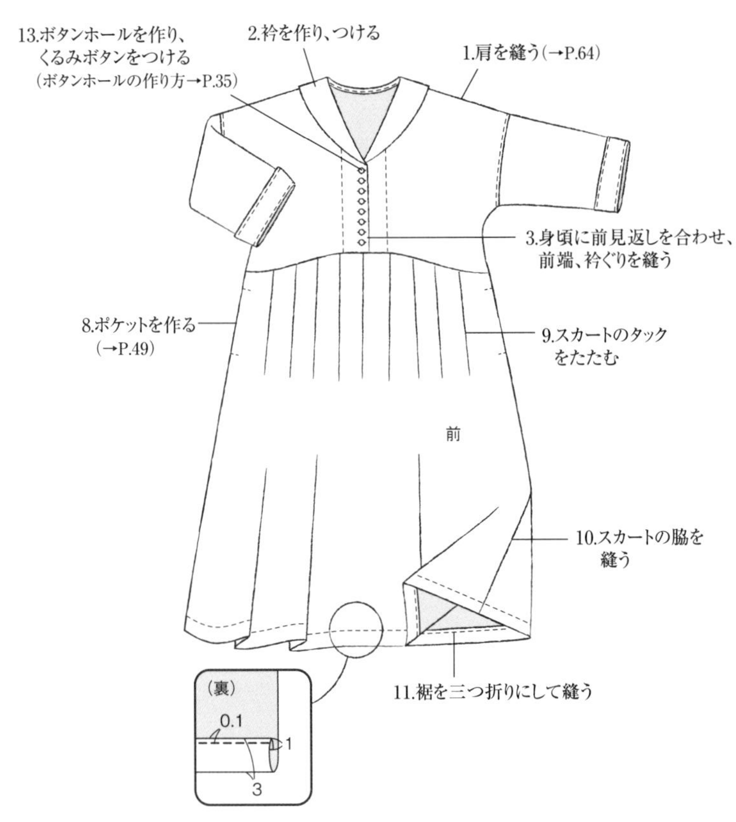

13.ボタンホールを作り、くるみボタンをつける
（ボタンホールの作り方→P.35）
2.衿を作り、つける
1.肩を縫う（→P.64）
3.身頃に前見返しを合わせ、前端、衿ぐりを縫う
8.ポケットを作る（→P.49）
9.スカートのタックをたたむ
前
10.スカートの脇を縫う
（裏）
0.1
1
3
11.裾を三つ折りにして縫う

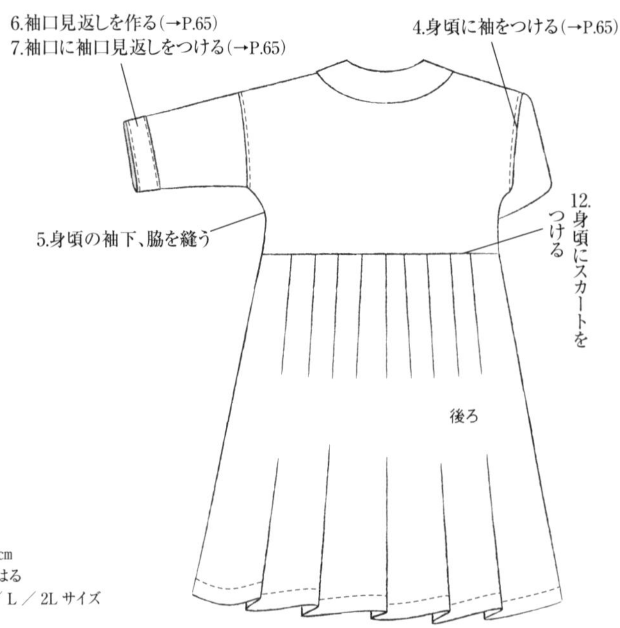

6.袖口見返しを作る（→P.65）
7.袖口に袖口見返しをつける（→P.65）
4.身頃に袖をつける（→P.65）
5.身頃の袖下、脇を縫う
12.身頃にスカートをつける
後ろ

2. 衿を作り、つける

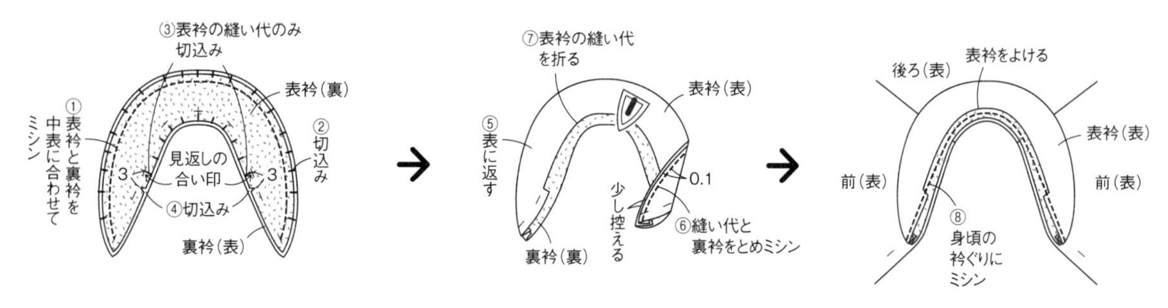
③表衿の縫い代のみ切込み
表衿（裏）
①表衿と裏衿を中表に合わせてミシン
②切込み
見返しの合い印
3
3
④切込み
裏衿（表）
⑦表衿の縫い代を折る
表衿（表）
⑤表に返す
0.1
少し控える
⑥縫い代と裏衿をとめミシン
裏衿（裏）
後ろ（表）
表衿をよける
表衿（表）
前（表）
前（表）
⑧身頃の衿ぐりにミシン

3. 身頃に前見返しを合わせ、前端、衿ぐりを縫う

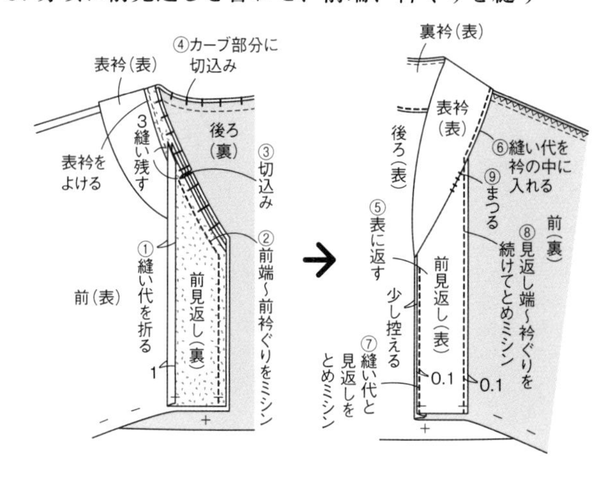
表衿（表）
④カーブ部分に切込み
3縫い残す
後ろ（裏）
表衿をよける
③切込み
②前端～前衿ぐりをミシン
①縫い代を折る
前（表）
前見返し（裏）
1
裏衿（表）
表衿（表）
後ろ（表）
⑥縫い代を衿の中に入れる
⑨まつる
⑤表に返す
前（裏）
⑧見返し端～衿ぐりを続けてとめミシン
前見返し（表）
少し控える
⑦縫い代と見返しをとめミシン
0.1
0.1

5. 身頃の袖下、脇を縫う

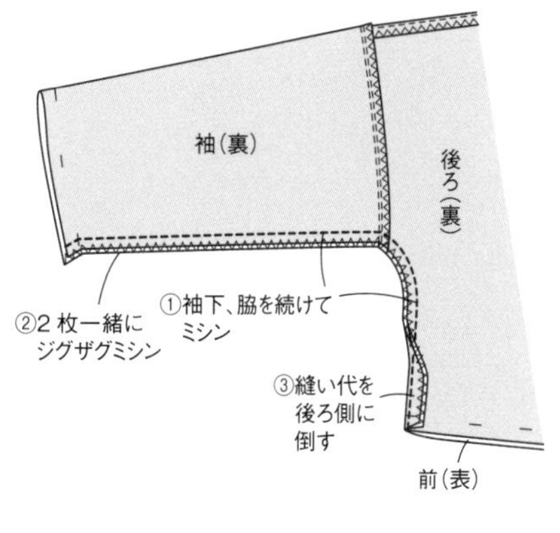
袖（裏）
後ろ（裏）
②2 枚一緒にジグザグミシン
①袖下、脇を続けてミシン
③縫い代を後ろ側に倒す
前（表）

12. 身頃にスカートをつける

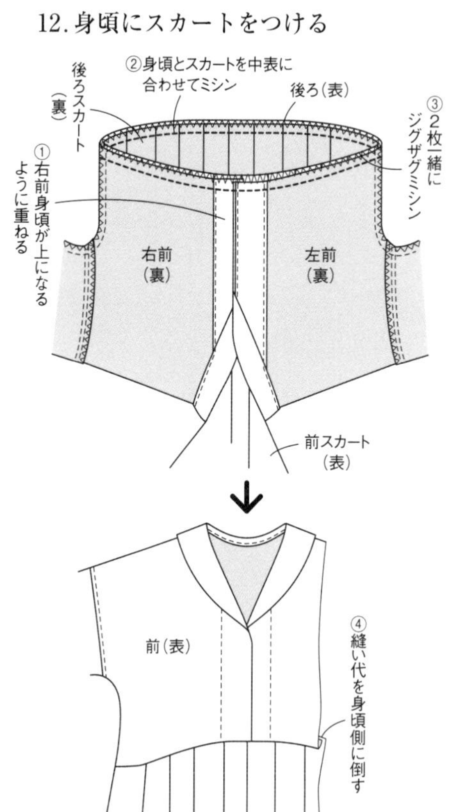
後ろスカート（裏）
②身頃とスカートを中表に合わせてミシン
後ろ（表）
③2枚一緒にジグザグミシン
①右前身頃が上になるように重ねる
右前（裏）
左前（裏）
前スカート（表）
前（表）
④縫い代を身頃側に倒す

9. スカートのタックをたたむ

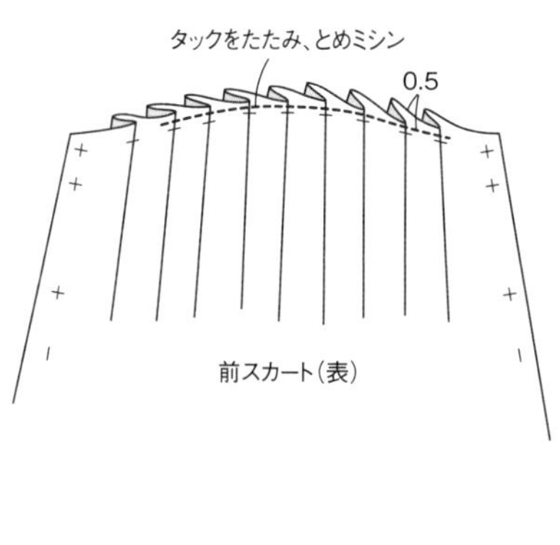
タックをたたみ、とめミシン
0.5
前スカート（表）
タックをたたみ、とめミシン
0.5
後ろスカート（表）

10. スカートの脇を縫う

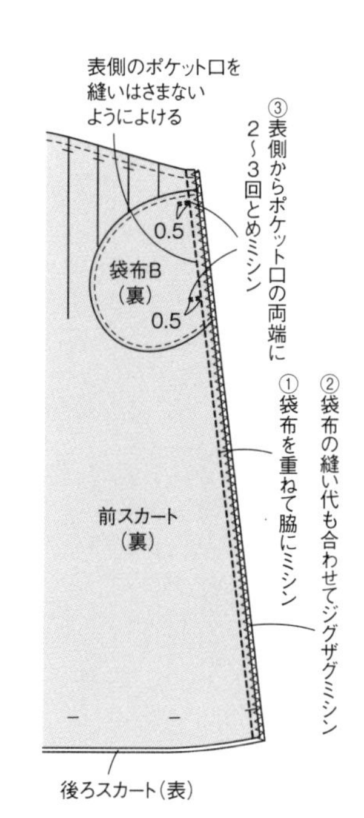
表側のポケット口を縫いはさまないようによける
③表側からポケット口の両端に2～3回とめミシン
0.5
袋布B（裏）
0.5
①袋布を重ねて脇にミシン
②袋布の縫い代も合わせてジグザグミシン
前スカート（裏）
後ろスカート（表）

P,Q しっかりリネンのマリンパンツ＆ラズベリー色のパンツ

Photo / P.08、P.10、P.19　実物大パターンD面

Pは、コットンリネンのキャンバス地。タック部分に大きめのボタンを並べてマリン風に仕上げました。Qは、みずみずしいラズベリーのような赤いリネン生地。共布のくるみボタンをあしらって、クラシックなスタイルに。フリルのようなウエストゴムのデザインなのでトップスをインにしてもしゃれています。ポケットを省略すれば簡単仕様に。

［ Pの材料 ］※左からS/M/L/2Lサイズ
表布（生地の森　洗いこまれた綿麻キャンバス キナリ）
…108 cm幅 2m20 cm /2m20 cm /2m30 cm /2m30 cm
接着テープ…1.5 cm幅 40 cm
ボタン…直径2 cmを6個
ゴムテープ…3 cm幅を適量

［ Qの材料 ］※左からS/M/L/2Lサイズ
表布（DARUMA FABRIC　Soil〈リネンキャンバス〉Hi-iro）
…112 cm幅 2m20 cm /2m20 cm /2m30 cm /2m30 cm
接着テープ…1.5 cm幅 40 cm
くるみボタン…直径2 cmを6個
ゴムテープ…3 cm幅を適量

［ 出来上り寸法 ］※左からS/M/L/2Lサイズ
ヒップ…117/121/125/129 cm
パンツ丈…85/86.5/88/89.5 cm

［ 裁合せ図 ］

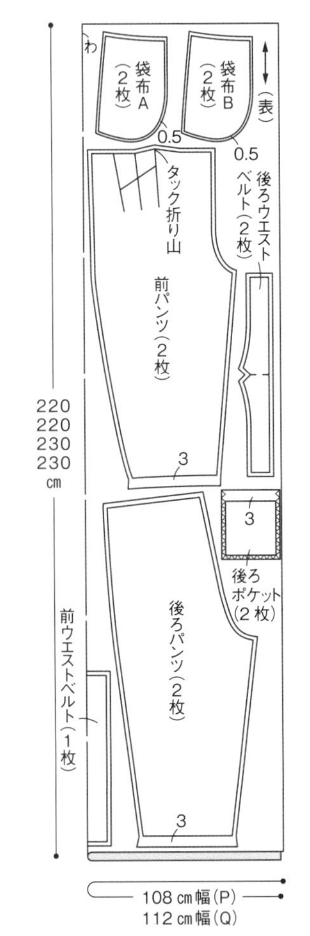

わ
袋布A（2枚）
袋布B（2枚）
（表）
0.5
0.5
タック折り山
後ろウエストベルト（2枚）
前パンツ（2枚）
3
220
220
230
230
cm
3
後ろポケット（2枚）
後ろパンツ（2枚）
前ウエストベルト（1枚）
3
108 cm幅（P）
112 cm幅（Q）

※指定以外の縫い代は1 cm
※ ╲╱╲╱ は縫い代にジグザグミシンをかける
※数字は上からS／M／L／2Lサイズ

［ 縫い方 ］
準備：後ろポケットの縫い代にジグザグミシンをかける。

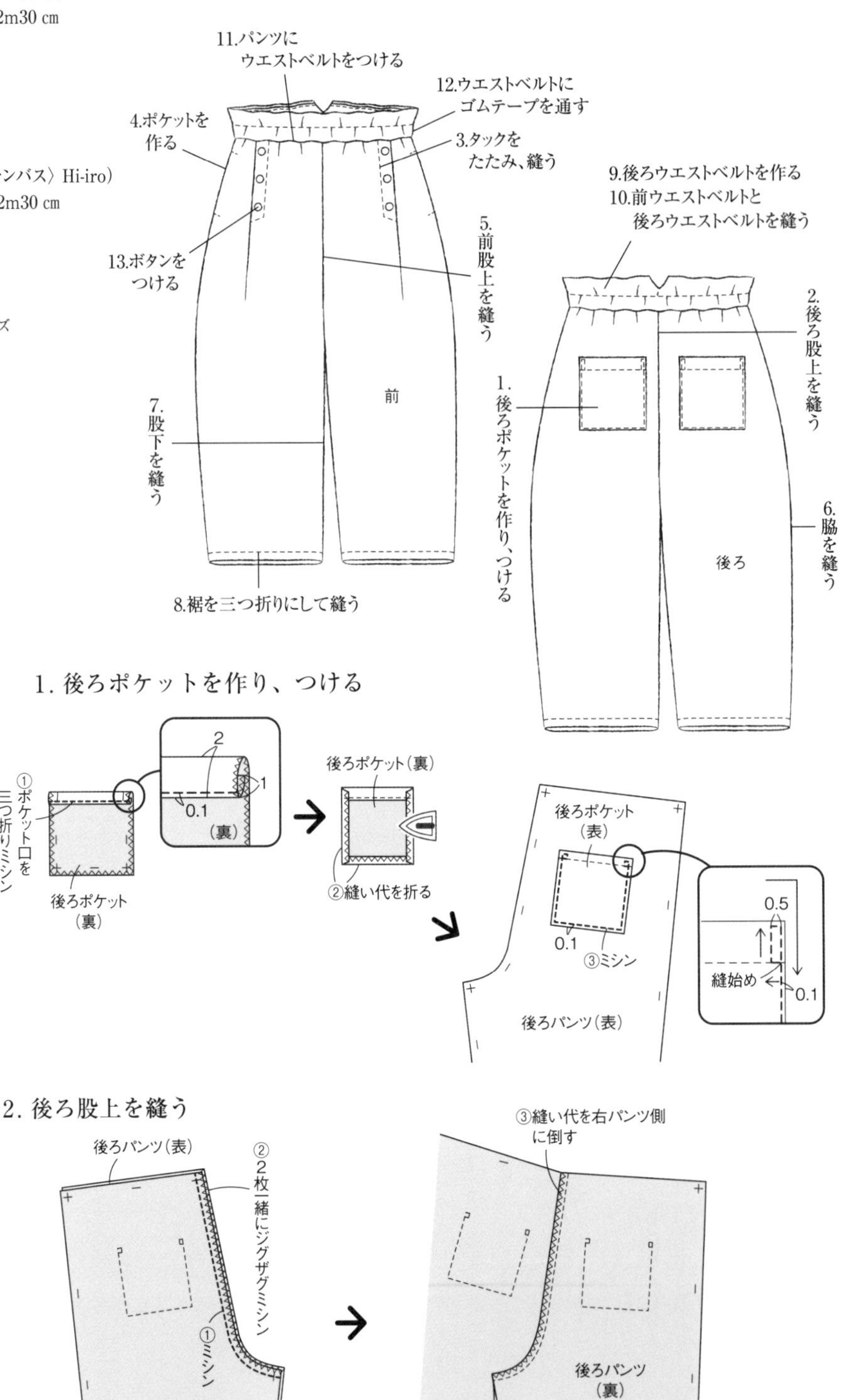

11.パンツにウエストベルトをつける
12.ウエストベルトにゴムテープを通す
4.ポケットを作る
3.タックをたたみ、縫う
9.後ろウエストベルトを作る
10.前ウエストベルトと後ろウエストベルトを縫う
5.前股上を縫う
13.ボタンをつける
2.後ろ股上を縫う
前
1.後ろポケットを作り、つける
7.股下を縫う
6.脇を縫う
後ろ
8.裾を三つ折りにして縫う
1. 後ろポケットを作り、つける
①ポケット口を三つ折りミシン
2
1
0.1
（裏）
後ろポケット（裏）
後ろポケット（裏）
②縫い代を折る
後ろポケット（表）
0.5
0.1
③ミシン
縫始め
0.1
後ろパンツ（表）
2. 後ろ股上を縫う
後ろパンツ（表）
②2枚一緒にジグザグミシン
①ミシン
後ろパンツ（裏）
③縫い代を右パンツ側に倒す
後ろパンツ（裏）

3. タックをたたみ、縫う

4. ポケットを作る

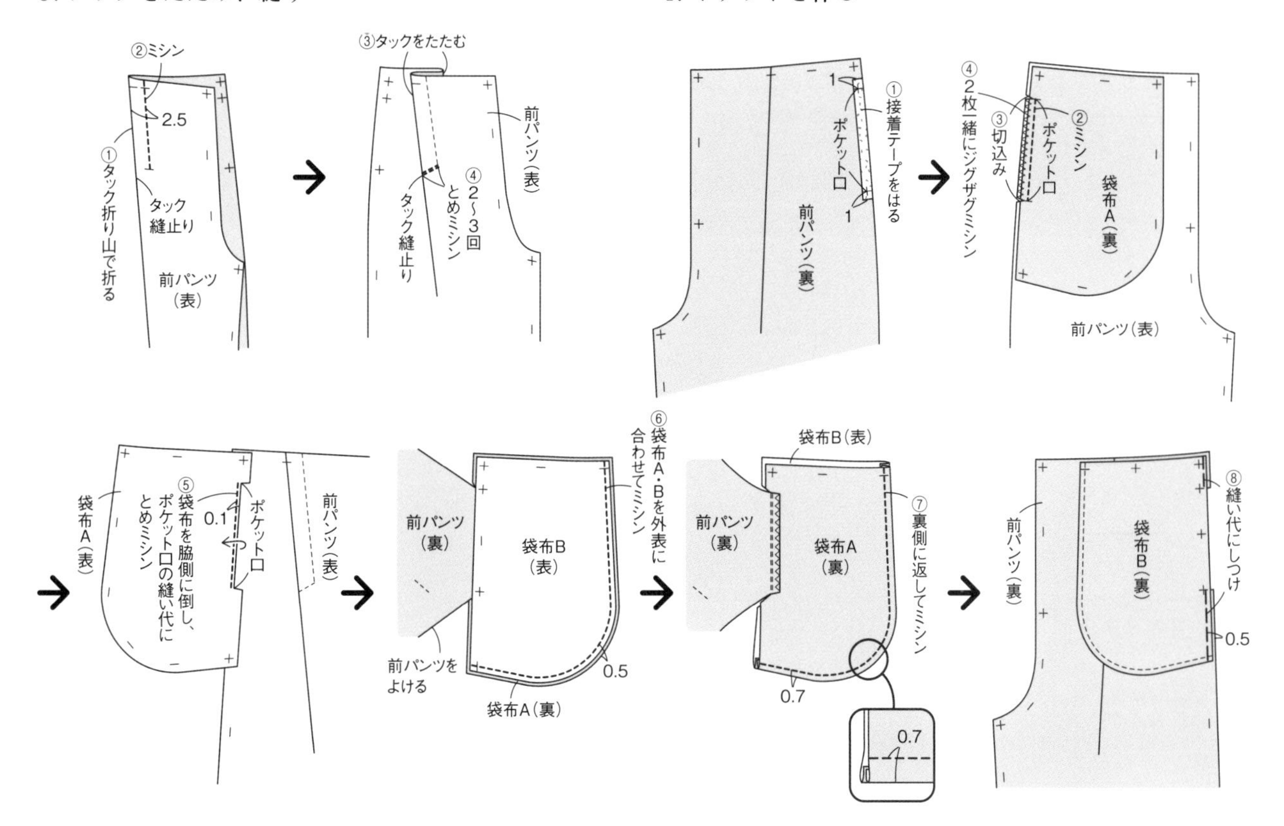
②ミシン
2.5
①タック折り山で折る
タック縫止り
前パンツ（表）
③タックをたたむ
前パンツ（表）
④2〜3回とめミシン
タック縫止り
1
①接着テープをはる
ポケット口
前パンツ（裏）
1
④2枚一緒にジグザグミシン
③切込み
②ミシン
ポケット口
袋布A（裏）
前パンツ（表）
袋布A（表）
⑤袋布を脇側に倒し、ポケット口の縫い代にとめミシン
0.1
ポケット口
前パンツ（表）
前パンツ（裏）
袋布B（表）
⑥袋布A・Bを外表に合わせてミシン
前パンツをよける
0.5
袋布A（裏）
袋布B（表）
前パンツ（裏）
袋布A（裏）
⑦裏側に返してミシン
0.7
0.7
前パンツ（裏）
袋布B（裏）
⑧縫い代にしつけ
0.5

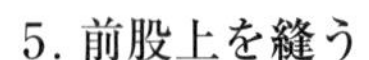

5. 前股上を縫う

6. 脇を縫う

7. 股下を縫う

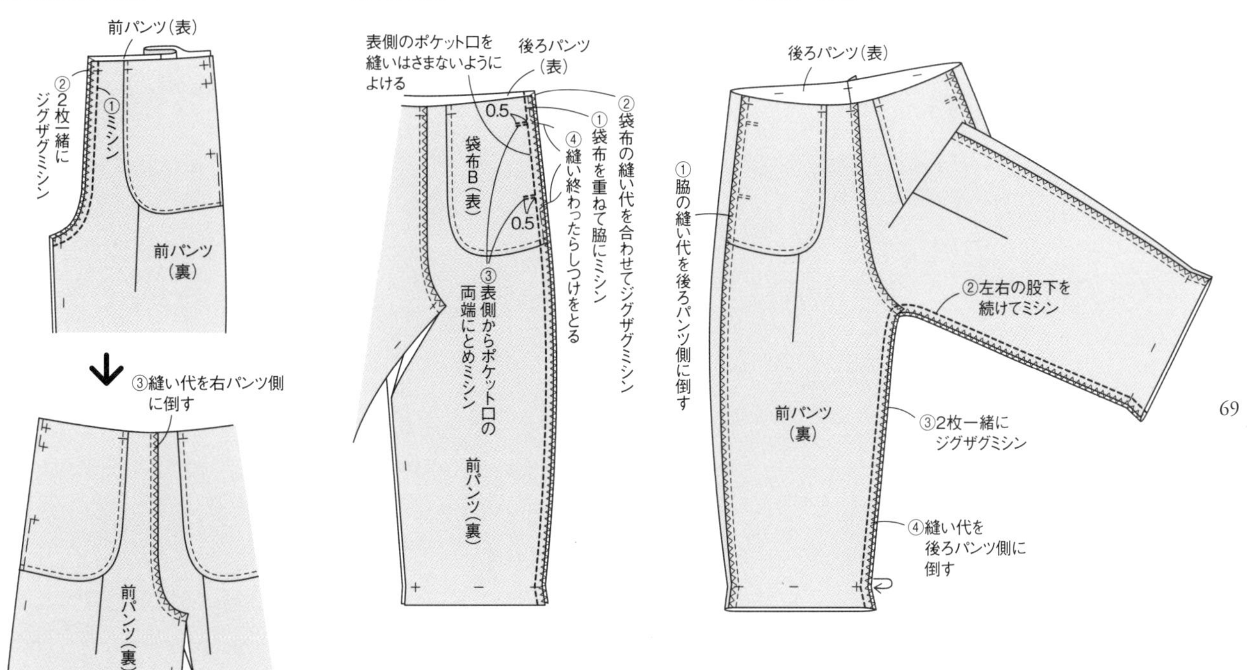
前パンツ（表）
②2枚一緒にジグザグミシン
①ミシン
前パンツ（裏）
③縫い代を右パンツ側に倒す
前パンツ（裏）
表側のポケット口を縫いはさまないようによける
後ろパンツ（表）
0.5
袋布B（表）
②袋布の縫い代を合わせてジグザグミシン
①袋布を重ねて脇にミシン
④縫い終わったらしつけをとる
0.5
③表側からポケット口の両端にとめミシン
前パンツ（裏）
後ろパンツ（表）
①脇の縫い代を後ろパンツ側に倒す
②左右の股下を続けてミシン
前パンツ（裏）
③2枚一緒にジグザグミシン
④縫い代を後ろパンツ側に倒す

8. 裾を三つ折りにして縫う

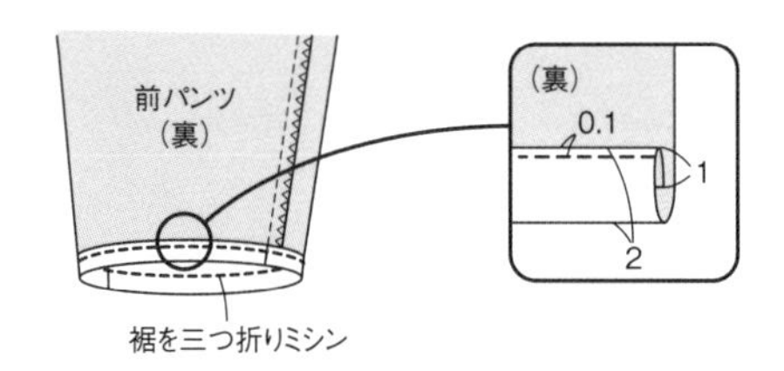
前パンツ
（裏）
（裏）
0.1
1
2
裾を三つ折りミシン

9. 後ろウエストベルトを作る

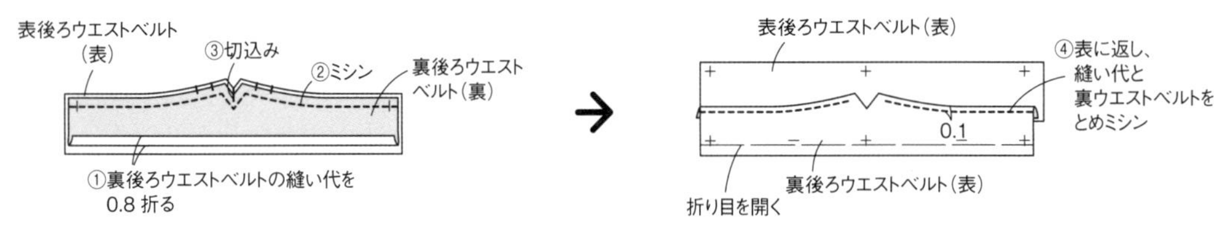
表後ろウエストベルト
（表）
③切込み
②ミシン
裏後ろウエスト
ベルト（裏）
①裏後ろウエストベルトの縫い代を
0.8 折る
表後ろウエストベルト（表）
④表に返し、
縫い代と
裏ウエストベルトを
とめミシン
0.1
裏後ろウエストベルト（表）
折り目を開く

10. 前ウエストベルトと後ろウエストベルトを縫う

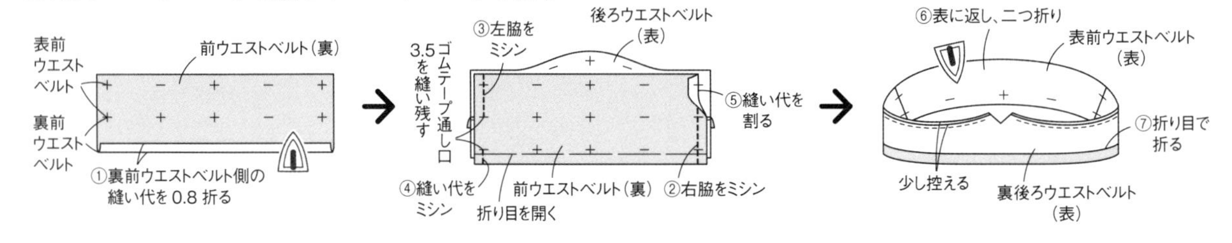
表前
ウエスト
ベルト
裏前
ウエスト
ベルト
前ウエストベルト（裏）
①裏前ウエストベルト側の
縫い代を 0.8 折る
③左脇を
ミシン
3.5 ゴムテープ通し口を縫い残す
後ろウエストベルト
（表）
⑤縫い代を
割る
④縫い代を
ミシン
前ウエストベルト（裏）
②右脇をミシン
折り目を開く
⑥表に返し、二つ折り
表前ウエストベルト
（表）
⑦折り目で
折る
少し控える
裏後ろウエストベルト
（表）

11. パンツにウエストベルトをつける

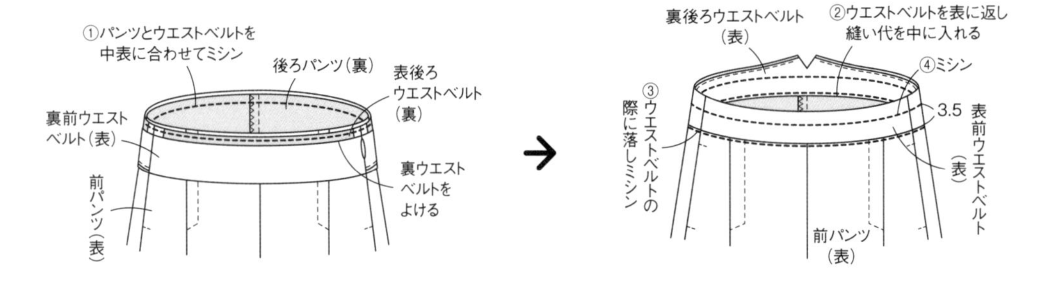
①パンツとウエストベルトを
中表に合わせてミシン
後ろパンツ（裏）
表後ろ
ウエストベルト
（裏）
裏前ウエスト
ベルト（表）
前パンツ（表）
裏ウエスト
ベルトを
よける
裏後ろウエストベルト
（表）
②ウエストベルトを表に返し
縫い代を中に入れる
④ミシン
③ウエストベルトの際に落しミシン
3.5
表前ウエストベルト（表）
前パンツ
（表）

12. ウエストベルトにゴムテープを通す

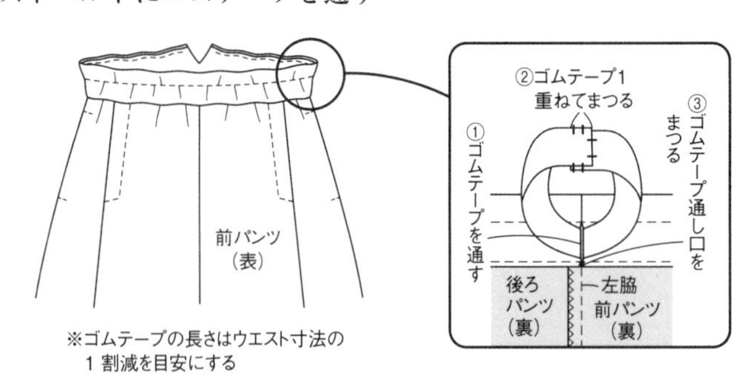
前パンツ
（表）
②ゴムテープ1
重ねてまつる
①ゴムテープを通す
③ゴムテープ通し口をまつる
後ろ
パンツ
（裏）
左脇
前パンツ
（裏）

※ゴムテープの長さはウエスト寸法の
1 割減を目安にする

R ブロックチェックのローブコート

Photo / P.22　実物大パターン C、D 面

大きなチェック模様のコットンリネン地で作った、さらっとはおれるコート。ポケットのフラップ、袖の折り返しに無地を使ってヴィンテージのような佇まいに。フラップの端っこにちょこんと・ついたくるみボタンがユニークなポイント。シンプルながら、懐かしさとモダンさが同居するコートになりました。夏はキャミソールに、秋はニットにと通年で着られます。

［ 材料 ］※左から S/M/L/2L サイズ
表布（生地の森　綿麻ギンガムチェックウェザー大ギンガムブラック）
…112 cm幅 2m90 cm /3m/3m/3m
別布（リネン 薄ベージュ）
…40 × 40 cm /40 cm /40 cm /40 cm
接着芯…90 cm幅 40 cm
山高くるみボタン…直径 1 cmを 9 個

［ 出来上り寸法 ］※左から S/M/L/2L サイズ
バスト…135/139/143/147 cm
着丈…108/119.5/111/112.5 cm
袖丈…30/30.5/31/31.5 cm

［ 縫い方 ］
準備：袖口見返し、ポケット口見返しに接着芯をはる。
ポケットの縫い代にジグザグミシンをかける。

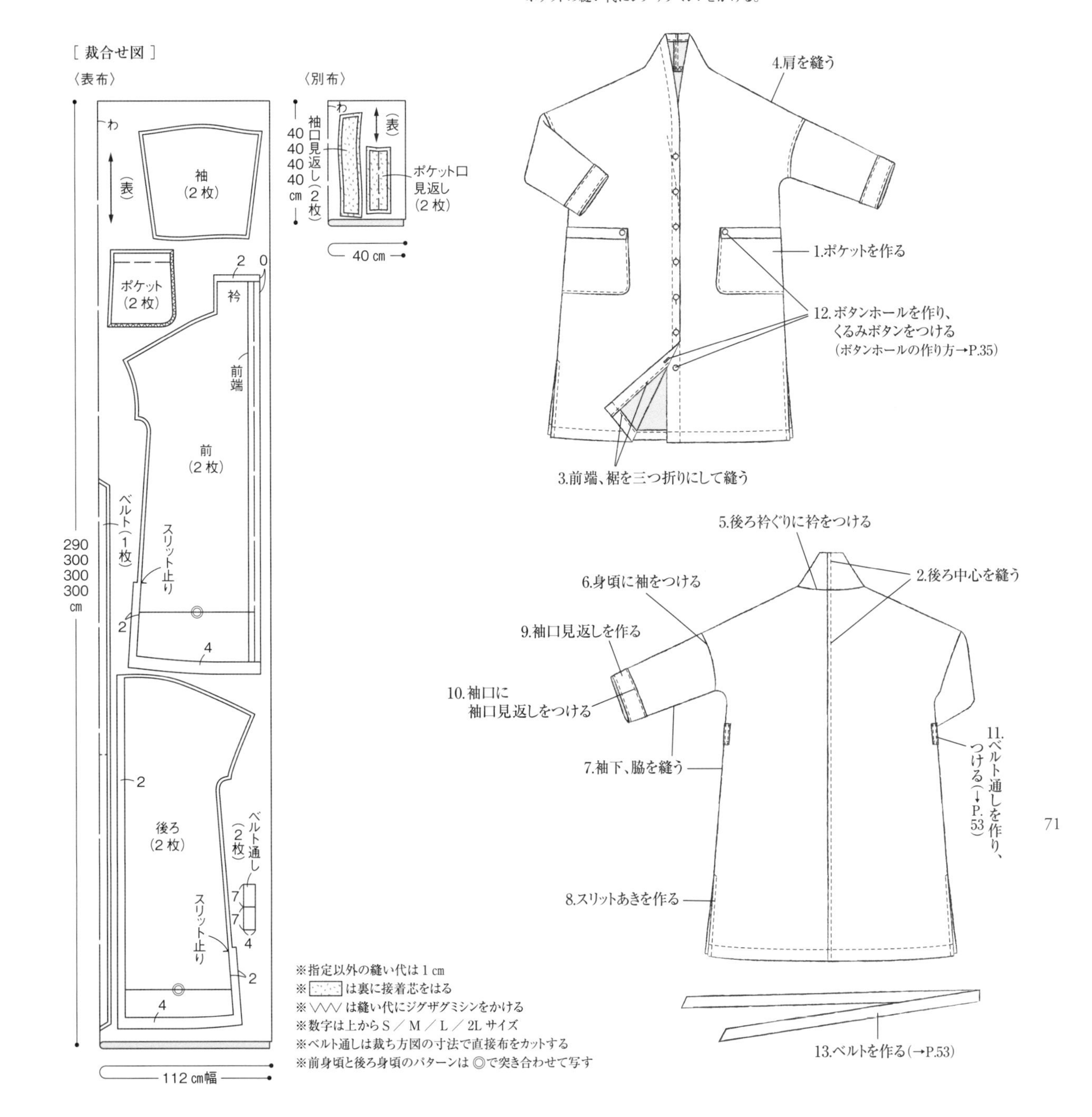

［ 裁合せ図 ］
〈表布〉
〈別布〉
わ
（表）
袖（2 枚）
ポケット（2 枚）
衿
前端
前（2 枚）
ベルト（1 枚）
スリット止り
後ろ（2 枚）
ベルト通し（2 枚）
290
300
300
300
cm
112 cm幅
袖口見返し（2 枚）
ポケット口見返し（2 枚）
40
40
40
40
cm
40 cm
4.肩を縫う
1.ポケットを作る
12.ボタンホールを作り、くるみボタンをつける
（ボタンホールの作り方→P.35）
3.前端、裾を三つ折りにして縫う
5.後ろ衿ぐりに衿をつける
2.後ろ中心を縫う
6.身頃に袖をつける
9.袖口見返しを作る
10.袖口に袖口見返しをつける
7.袖下、脇を縫う
11.ベルト通しを作り、つける（→P.53）
8.スリットあきを作る
13.ベルトを作る（→P.53）
※指定以外の縫い代は 1 cm
※ は裏に接着芯をはる
※ ╲╱╲╱ は縫い代にジグザグミシンをかける
※数字は上から S ／ M ／ L ／ 2L サイズ
※ベルト通しは裁ち方図の寸法で直接布をカットする
※前身頃と後ろ身頃のパターンは ◎で突き合わせて写す

1. ポケットを作る

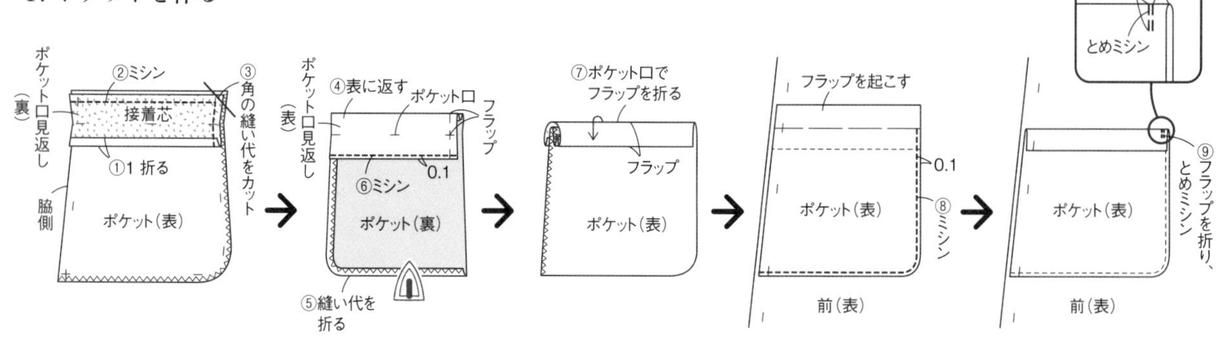

ポケット口見返し(裏)
②ミシン
③角の縫い代をカット
接着芯
①1 折る
脇側
ポケット(表)
ポケット口見返し(表)
④表に返す
ポケット口
フラップ
⑥ミシン
0.1
ポケット(裏)
⑤縫い代を折る
⑦ポケット口でフラップを折る
フラップ
ポケット(表)
フラップを起こす
0.1
ポケット(表)
⑧ミシン
前(表)
0.5
0.3
とめミシン
ポケット(表)
⑨フラップを折り、とめミシン
前(表)

2. 後ろ中心を縫う

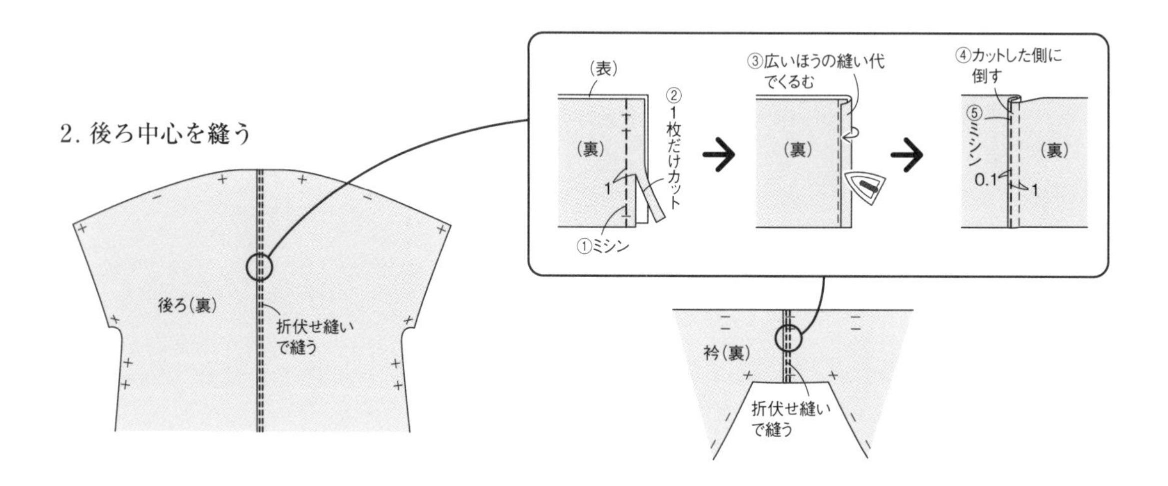

(表)
(裏)
②1枚だけカット
1
①ミシン
③広いほうの縫い代でくるむ
(裏)
④カットした側に倒す
⑤ミシン
(裏)
0.1
1
後ろ(裏)
折伏せ縫いで縫う
衿(裏)
折伏せ縫いで縫う

3. 前端、裾を三つ折りにして縫う

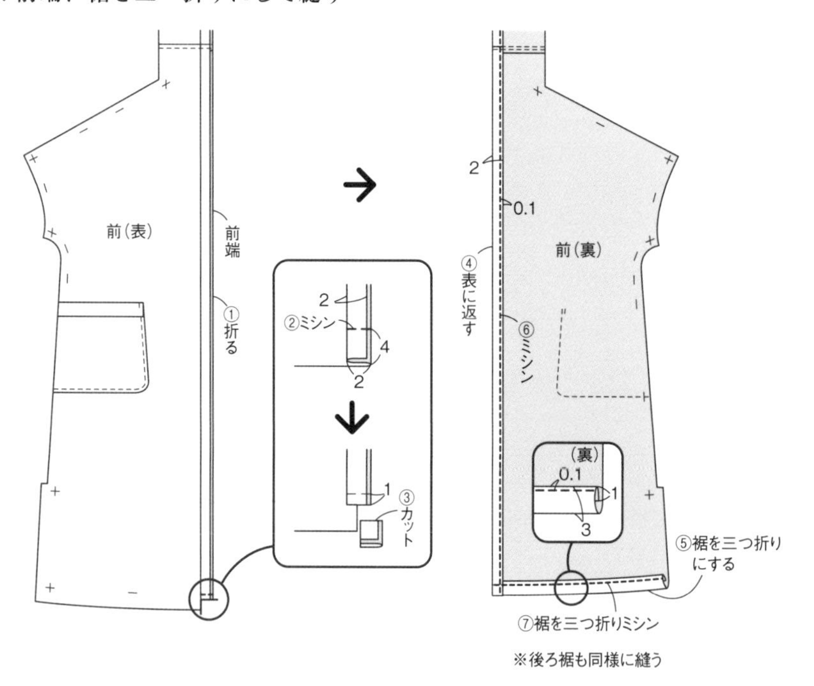

前(表)
前端
①折る
2
②ミシン
4
2
1
③カット
2
0.1
前(裏)
④表に返す
⑥ミシン
(裏)
0.1
1
3
⑤裾を三つ折りにする
⑦裾を三つ折りミシン
※後ろ裾も同様に縫う

4. 肩を縫う

②前の縫い代のみ切込み

①肩にミシン

後ろ(表)

前(裏)

5. 後ろ衿ぐりに衿をつける

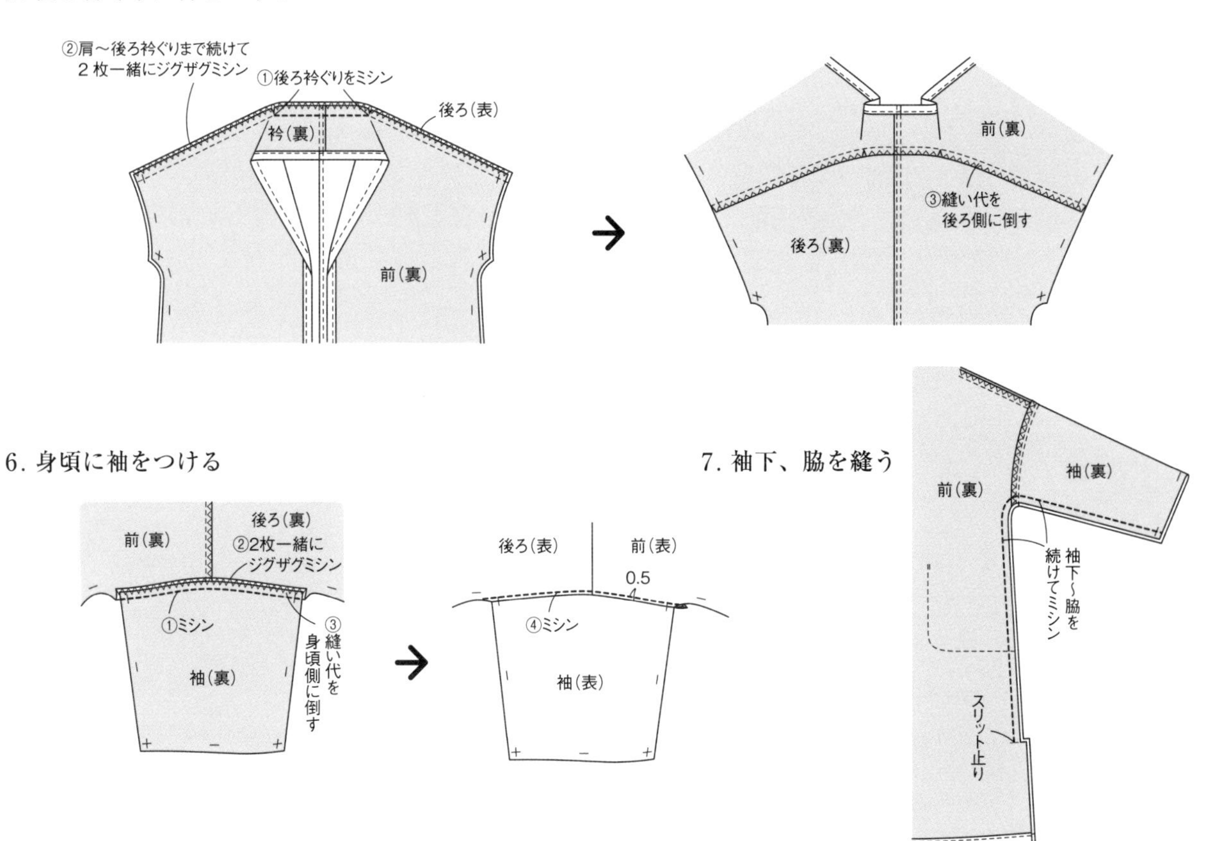
②肩〜後ろ衿ぐりまで続けて
２枚一緒にジグザグミシン
①後ろ衿ぐりをミシン
後ろ(表)
衿(裏)
前(裏)
前(裏)
③縫い代を
後ろ側に倒す
後ろ(裏)
6. 身頃に袖をつける
7. 袖下、脇を縫う
前(裏)
後ろ(裏)
②2枚一緒に
ジグザグミシン
①ミシン
③縫い代を身頃側に倒す
袖(裏)
後ろ(表)
前(表)
0.5
④ミシン
袖(表)
前(裏)
袖(裏)
袖下〜脇を続けてミシン
スリット止まり

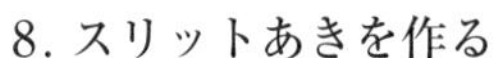
8. スリットあきを作る

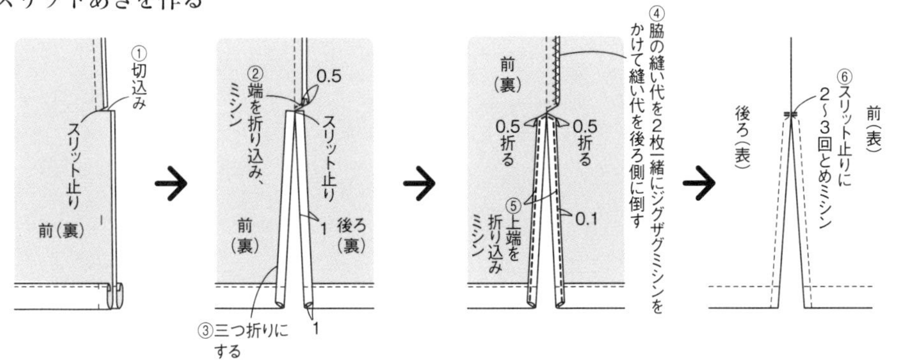
①切込み
スリット止まり
前(裏)
②端を折り込み、ミシン
0.5
スリット止まり
前
(裏)
1
後ろ
(裏)
③三つ折りにする
1
前
(裏)
0.5
折る
0.5
折る
⑤上端を折り込みミシン
0.1
④脇の縫い代を2枚一緒にジグザグミシンをかけて縫い代を後ろ側に倒す
後ろ(表)
⑥スリット止まりに2〜3回とめミシン
前(表)

9. 袖口見返しを作る

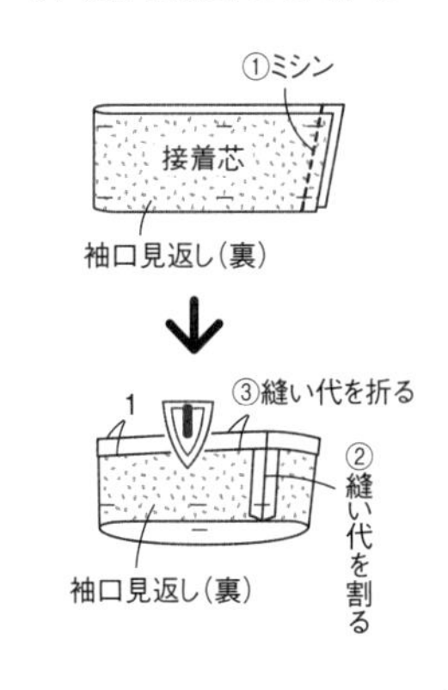
①ミシン
接着芯
袖口見返し(裏)
1
③縫い代を折る
②縫い代を割る
袖口見返し(裏)

10. 袖口に袖口見返しをつける

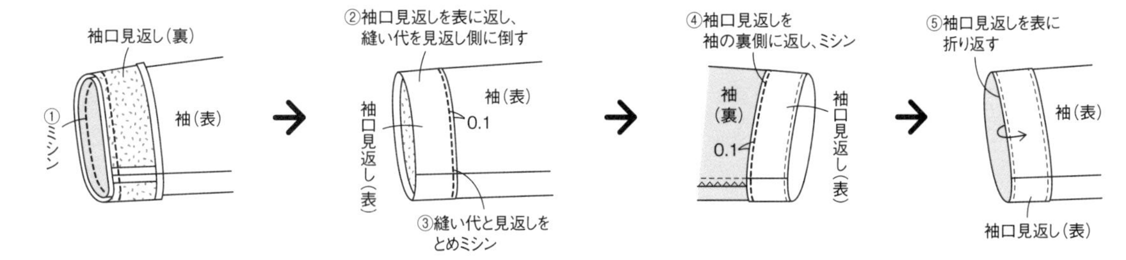
袖口見返し(裏)
①ミシン
袖(表)
②袖口見返しを表に返し、
縫い代を見返し側に倒す
袖(表)
袖口見返し(表)
0.1
③縫い代と見返しを
とめミシン
④袖口見返しを
袖の裏側に返し、ミシン
袖
(裏)
0.1
袖口見返し(表)
⑤袖口見返しを表に
折り返す
袖(表)
袖口見返し(表)

S 2段フリルのショール

Photo / P.21　実物大パターンC面

風合い豊かなベルギーリネンで作ったショール。切りっぱなしのフリルを背中から袖口にかけてあしらいました。裾には無地のフリルがついています。甘い雰囲気が苦手なかたは袖のフリルは省略してもいいかもしれません。パンツスタイルなら甘さ控えめに、ワンピースならいっそう甘く。気軽にはおって、着こなしを楽しんでくださいね。

［ 材料 ］※左からS/M/L/2Lサイズ

表布（Pres-de　40/1デニムの産地児島で加工をしたくったりリネンへリンボン生地 無地 トップ杢使用 ブラック）
…120㎝幅 1m60㎝/1m60㎝/1m60㎝/1m70㎝

別布A（コットン ブラック）
…40×1m70㎝/1m80㎝/1m80㎝/1m80㎝

別布B（シーチング）
…60×15㎝/15㎝/15㎝/15㎝

［ 出来上り寸法 ］※左からS/M/L/2Lサイズ

バスト…147/149/151/153㎝

着丈…68.5/69.5/70.5/71.5㎝

［ 裁合せ図 ］

〈表布〉

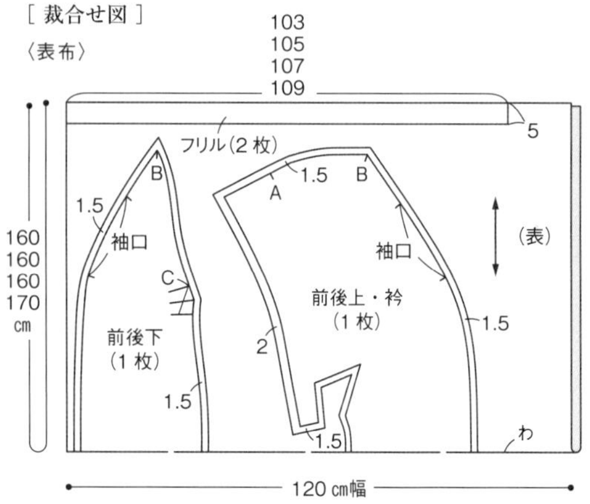

103
105
107
109
5
フリル（2枚）
B
1.5
A
1.5
B
1.5
袖口
C
袖口
（表）
160
160
160
170
㎝
前後上・衿
（1枚）
前後下
（1枚）
2
1.5
1.5
1.5
わ
120㎝幅

〈別布A〉

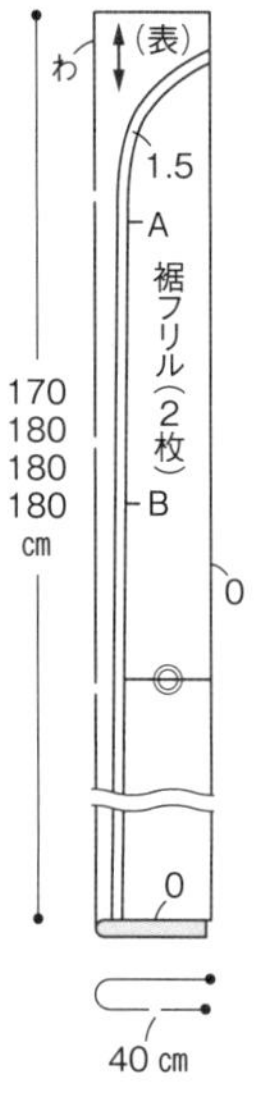

わ
（表）
1.5
A
裾フリル（2枚）
B
170
180
180
180
㎝
0
◎
0
40㎝

〈別布B〉

15
15
15
15
㎝
わ
袖口見返し（4枚）
（表）
60㎝

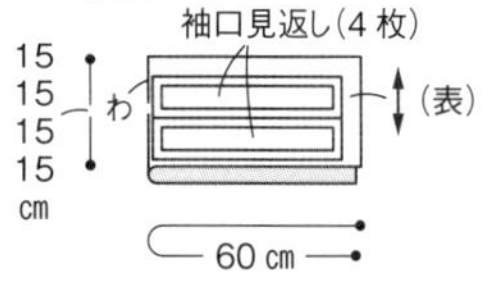

※指定以外の縫い代は1㎝
※数字は上からS/M/L/2Lサイズ
※フリルは裁ち方図の方法で直接布をカットする
※裾フリルのパターンは◎で突き合わせて写す

［ 縫い方 ］

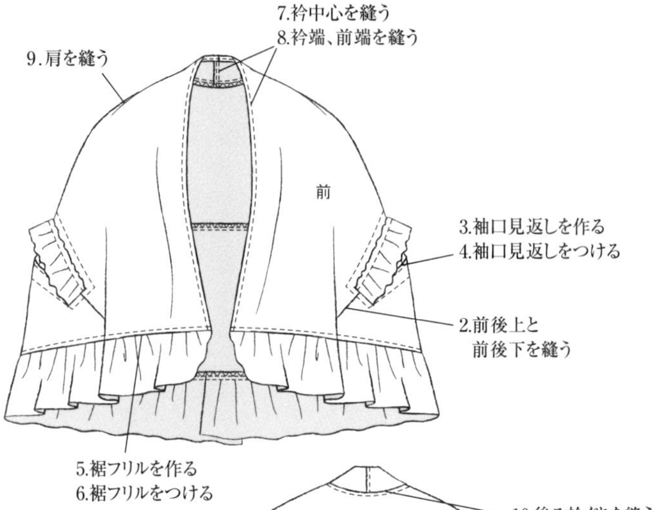

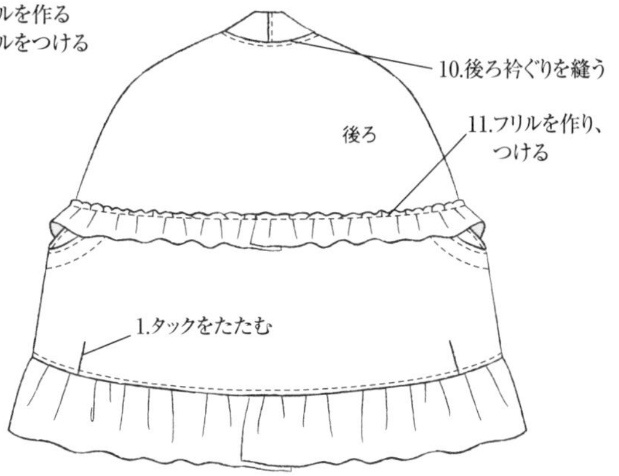

7.衿中心を縫う
8.衿端、前端を縫う
9.肩を縫う
前
3.袖口見返しを作る
4.袖口見返しをつける
2.前後上と前後下を縫う
5.裾フリルを作る
6.裾フリルをつける
10.後ろ衿ぐりを縫う
後ろ
11.フリルを作り、つける
1.タックをたたむ

1. タックをたたむ

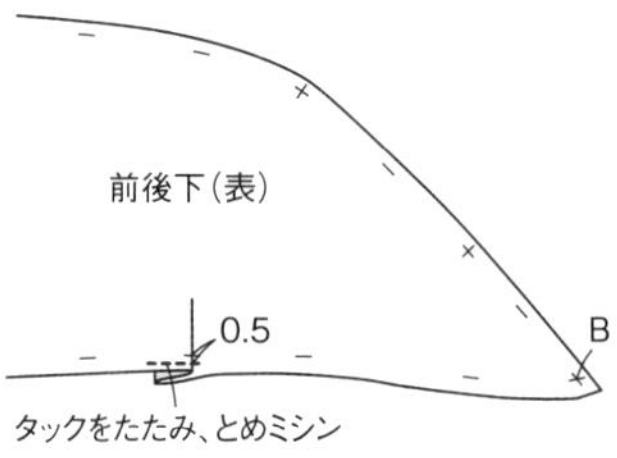

前後下（表）
0.5
B
タックをたたみ、とめミシン

2. 前後上と前後下を縫う

前後上・衿（表）
前後下（裏）
B
あき止り
①前後上と前後下を中表に合わせ、ミシン
あき止り
②切込み
③2枚一緒にジグザグミシン
④縫い代を上側に倒す

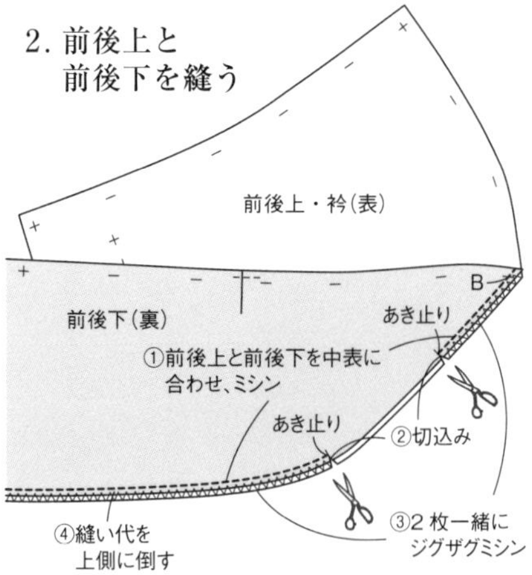

3. 袖口見返しを作る

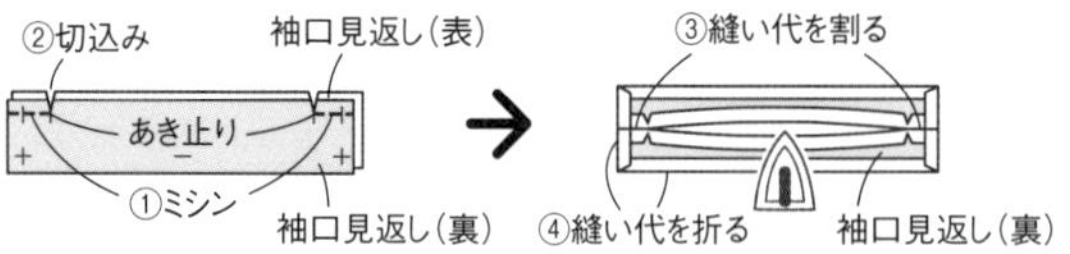

②切込み
袖口見返し（表）
あき止り
①ミシン
袖口見返し（裏）
③縫い代を割る
④縫い代を折る
袖口見返し（裏）

4. 袖口見返しをつける

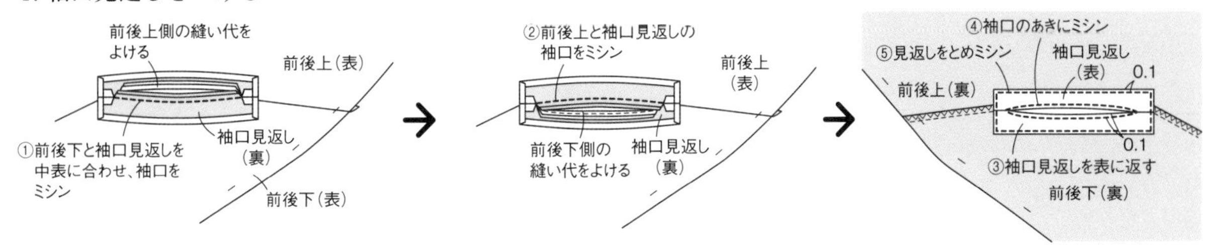
前後上側の縫い代をよける
前後上（表）
①前後下と袖口見返しを中表に合わせ、袖口をミシン
袖口見返し（裏）
前後下（表）
②前後上と袖口見返しの袖口をミシン
前後上（表）
前後下側の縫い代をよける
袖口見返し（裏）
④袖口のあきにミシン
⑤見返しをとめミシン
袖口見返し（表）
0.1
前後上（裏）
0.1
③袖口見返しを表に返す
前後下（裏）

5. 裾フリルを作る

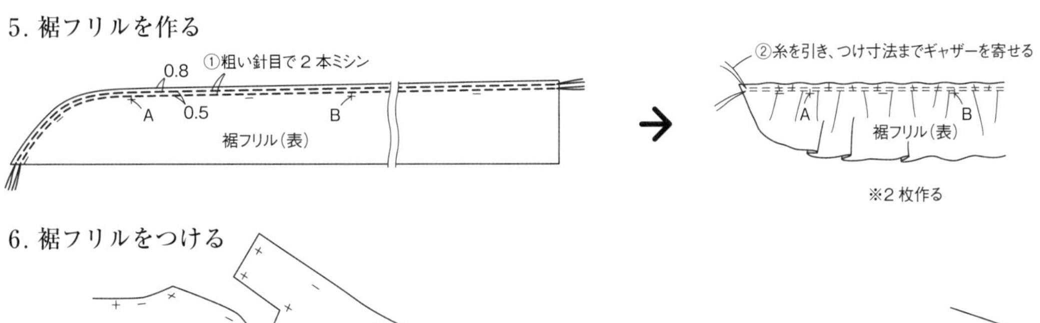
0.8
①粗い針目で２本ミシン
A
0.5
B
裾フリル（表）
②糸を引き、つけ寸法までギャザーを寄せる
A
B
裾フリル（表）
※2 枚作る

6. 裾フリルをつける

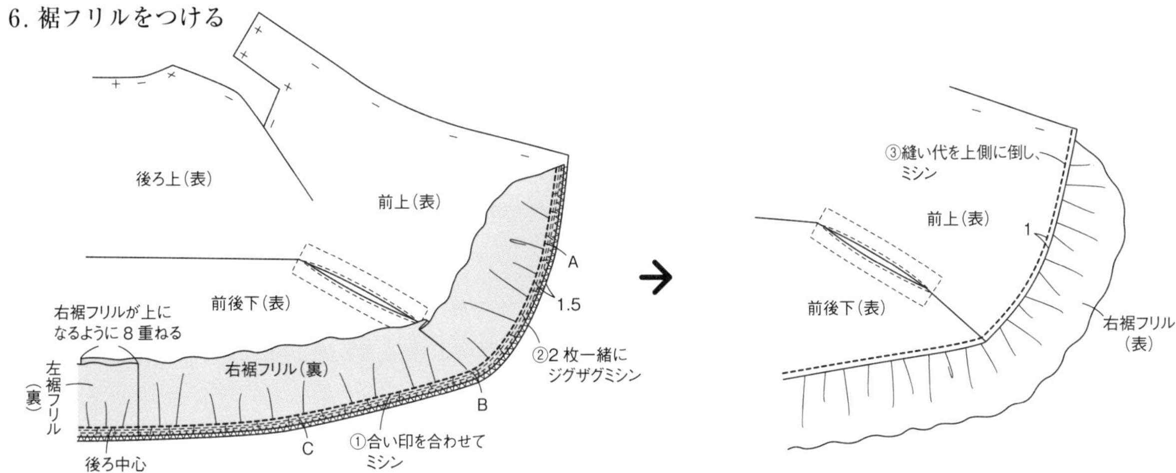
後ろ上（表）
前上（表）
前後下（表）
A
1.5
右裾フリルが上になるように８重ねる
左裾フリル（裏）
右裾フリル（裏）
②２枚一緒にジグザグミシン
B
C
①合い印を合わせてミシン
後ろ中心
③縫い代を上側に倒し、ミシン
前上（表）
1
前後下（表）
右裾フリル（表）

7. 衿中心を縫う
8. 衿端、前端を縫う

0.1
0.8
1
1
0.1
（裏）
衿（裏）
②衿端、前端を三つ折りミシン
①折伏せ縫い（→p.35）

9. 肩を縫う
10. 後ろ衿ぐりを縫う

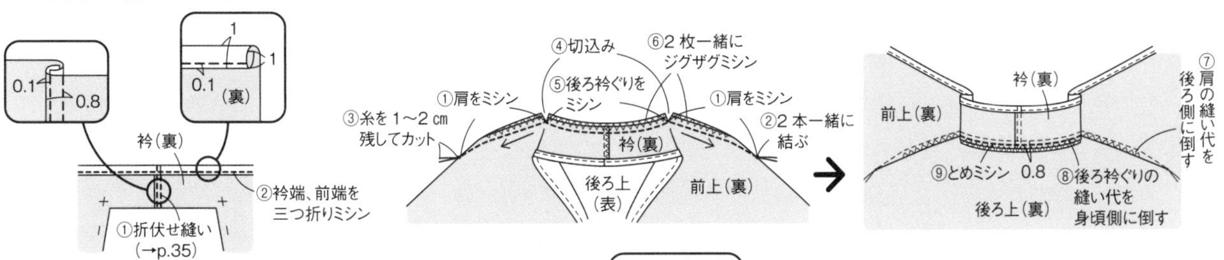
④切込み
⑥２枚一緒にジグザグミシン
①肩をミシン
⑤後ろ衿ぐりをミシン
①肩をミシン
③糸を１〜２㎝残してカット
②２本一緒に結ぶ
衿（裏）
後ろ上（表）
前上（裏）
衿（裏）
前上（裏）
⑦肩の縫い代を後ろ側に倒す
⑨とめミシン
0.8
⑧後ろ衿ぐりの縫い代を身頃側に倒す
後ろ上（裏）

11. フリルを作り、つける

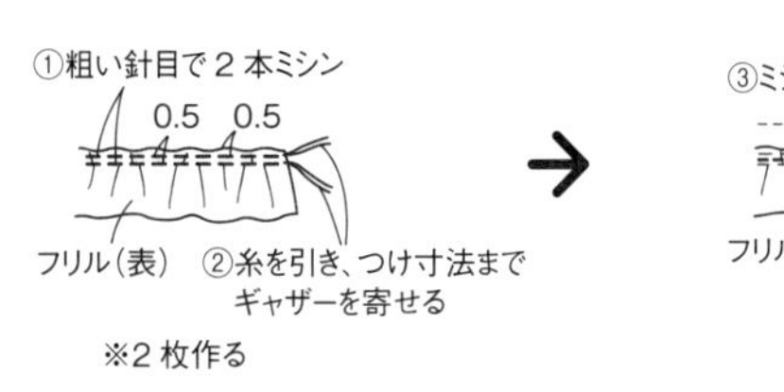
①粗い針目で２本ミシン
0.5
0.5
フリル（表）
②糸を引き、つけ寸法までギャザーを寄せる
※2 枚作る

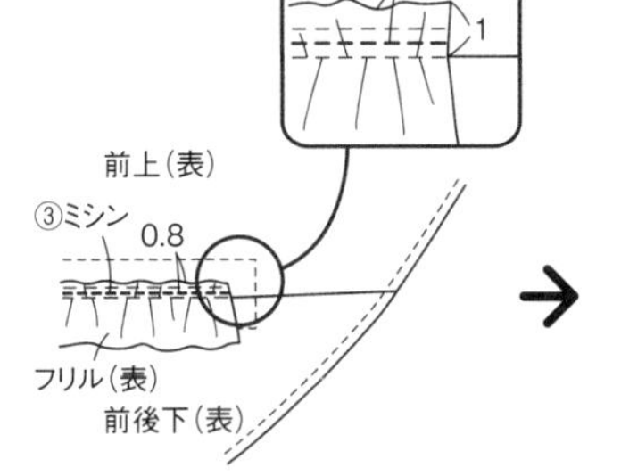
0.8
1
前上（表）
③ミシン
0.8
フリル（表）
前後下（表）

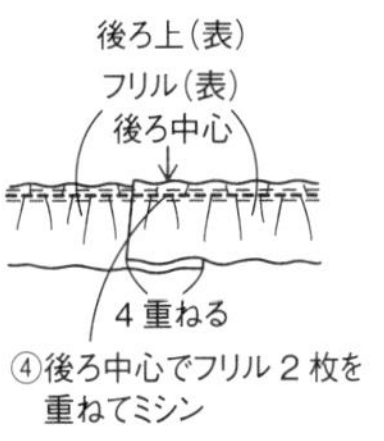
後ろ上（表）
フリル（表）
後ろ中心
４重ねる
④後ろ中心でフリル２枚を重ねてミシン

T サイドリボンのラップ風スカート

Photo／P.12、P.18 実物大パターン A 面

リボンを2段縫いつけたスカートです。リネン製のリボンはくったりとアンティークのような雰囲気になるのでおすすめです。手に入らなければ、生地をひも状に作ってみてもいいですね。太めのリボンでもかわいいです。素材はコットンリネンのキャンバス地。後ろにはゴムテープが入っていて、はきやすさ抜群です。

［ 材料 ］※左からS／M／L／2L サイズ

表布（布もよう　コットンリネン 10 番キャンバストリプルワッシャー オフホワイト）
…105 cm幅 2m60 cm／2m60 cm／2m60 cm／2m70 cm
接着テープ…1.5 cm幅 20 cm
ボタン…直径 1 cmを 1 個
裏ボタン…直径 1.3 cmを 1 個
リボンテープ（黒）…1 cm幅 2m70 cm
ゴムテープ…3 cm幅 33 cm／37 cm／41 cm／45 cm

［ 出来上り寸法 ］※左からS／M／L／2L サイズ

ウエスト…64/70/76/82 cm
スカート丈…75/76/77/78 cm

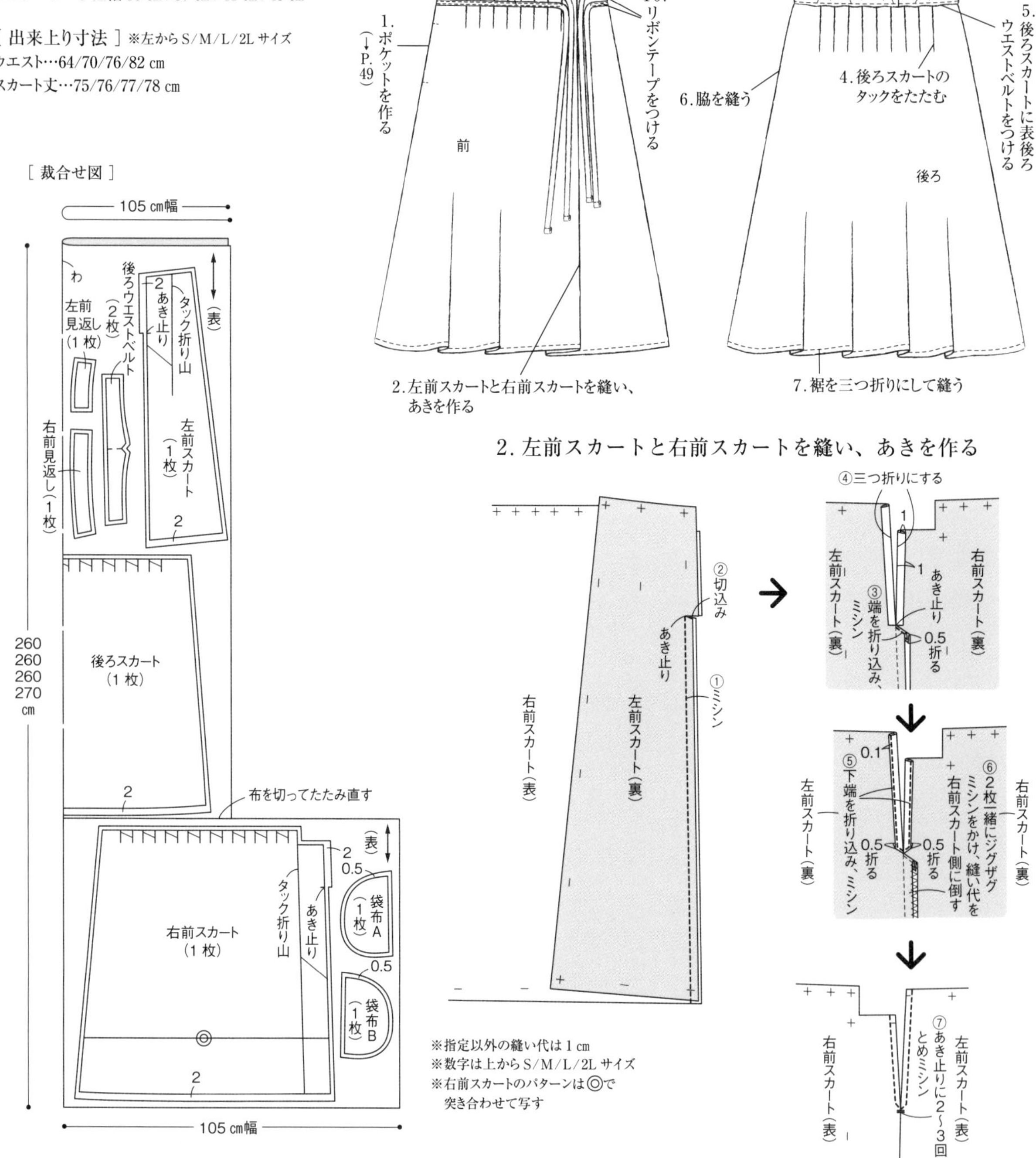

［ 縫い方 ］
1.ポケットを作る（→P.49）
2.左前スカートと右前スカートを縫い、あきを作る
3.右前スカートのタックをたたみ、あきのタックを縫う
4.後ろスカートのタックをたたむ
5.後ろスカートに表後ろウエストベルトをつける
6.脇を縫う
7.裾を三つ折りにして縫う
8.見返しと裏後ろウエストベルトを縫う
9.前スカートと見返し、表後ろウエストベルトと裏後ろウエストベルトを縫う
10.リボンテープをつける
11.ボタンホールを作り、ボタンをつける（ボタンホールの作り方→P.35）
前
後ろ
［ 裁合せ図 ］
105 cm幅
わ
左前見返し（1枚）
右前見返し（1枚）
後ろウエストベルト（2枚）
あき止り
タック折り山
左前スカート（1枚）
（表）
後ろスカート（1枚）
260
260
260
270
cm
布を切ってたたみ直す
右前スカート（1枚）
袋布A（1枚）
袋布B（1枚）
0.5
2
2. 左前スカートと右前スカートを縫い、あきを作る
①ミシン
②切込み
③端を折り込み、ミシン
④三つ折りにする
⑤下端を折り込み、ミシン
⑥2枚一緒にジグザグミシンをかけ、縫い代を右前スカート側に倒す
⑦あき止りに2～3回とめミシン
あき止り
0.5折る
0.1
右前スカート（表）
左前スカート（裏）
右前スカート（裏）
左前スカート（表）

※指定以外の縫い代は 1 cm
※数字は上からS／M／L／2L サイズ
※右前スカートのパターンは◎で突き合わせて写す

3. 右前スカートのタックをたたみ、あきのタックを縫う

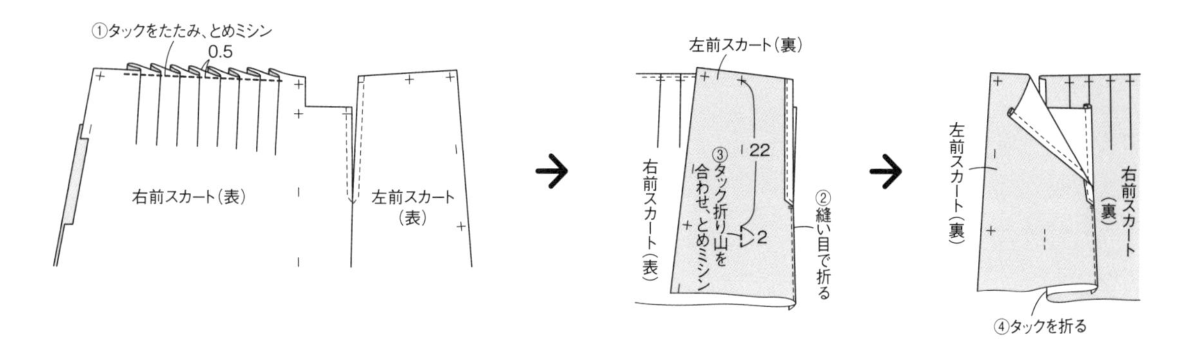

①タックをたたみ、とめミシン
0.5
右前スカート（表）
左前スカート（表）
左前スカート（裏）
22
③タック折り山を合わせ、とめミシン
2
右前スカート（表）
②縫い目で折る
左前スカート（裏）
右前スカート（裏）
④タックを折る

4. 後ろスカートのタックをたたむ

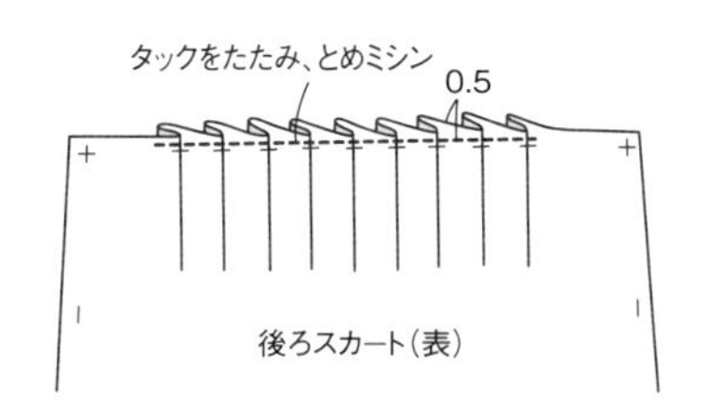

タックをたたみ、とめミシン
0.5
後ろスカート（表）

5. 後ろスカートに表後ろウエストベルトをつける

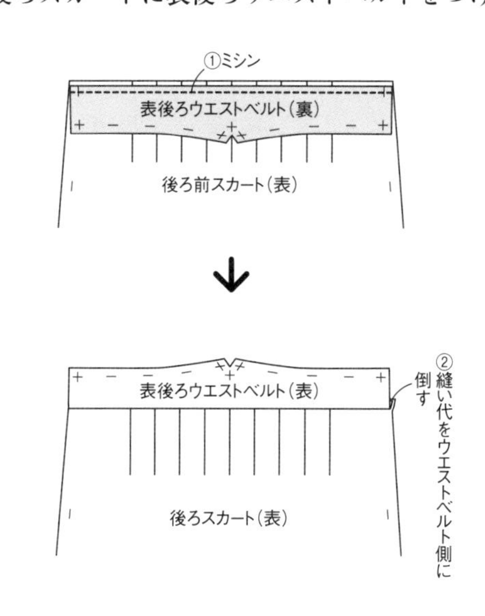

①ミシン
表後ろウエストベルト（裏）
後ろ前スカート（表）
表後ろウエストベルト（表）
②縫い代をウエストベルト側に倒す
後ろスカート（表）

6. 脇を縫う

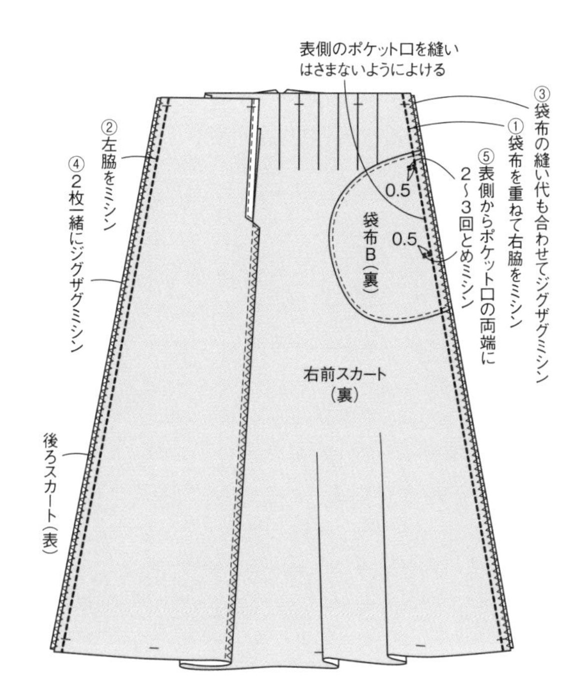

表側のポケット口を縫いはさまないようによける
③袋布の縫い代も合わせてジグザグミシン
①袋布を重ねて右脇をミシン
⑤表側からポケット口の両端に2～3回とめミシン
②左脇をミシン
④2枚一緒にジグザグミシン
0.5
袋布B（裏）
0.5
右前スカート（裏）
後ろスカート（表）

7. 裾を三つ折りにして縫う

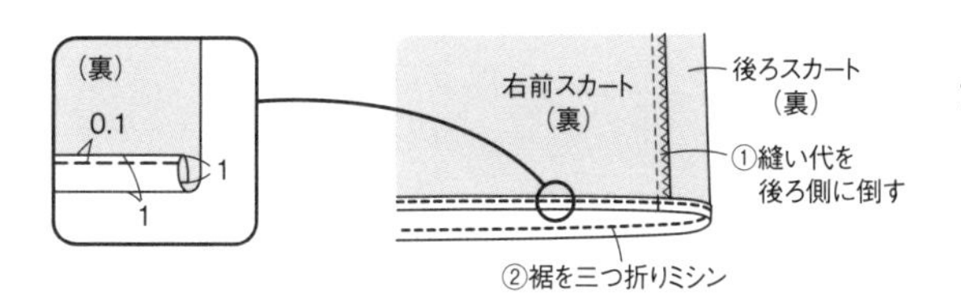

（裏）
0.1
1
1
右前スカート（裏）
後ろスカート（裏）
①縫い代を後ろ側に倒す
②裾を三つ折りミシン

8. 見返しと裏後ろウエストベルトを縫う

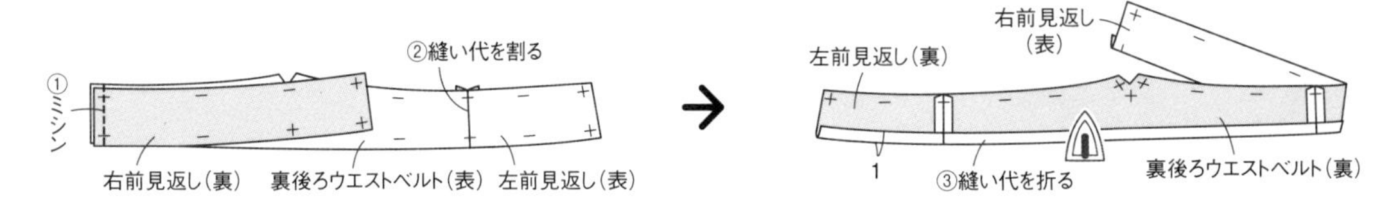
①ミシン
②縫い代を割る
右前見返し(裏)
裏後ろウエストベルト(表)
左前見返し(表)
右前見返し
(表)
左前見返し(裏)
1
③縫い代を折る
裏後ろウエストベルト(裏)

9. 前スカートと見返し、表後ろウエストベルトと裏後ろウエストベルトを縫う

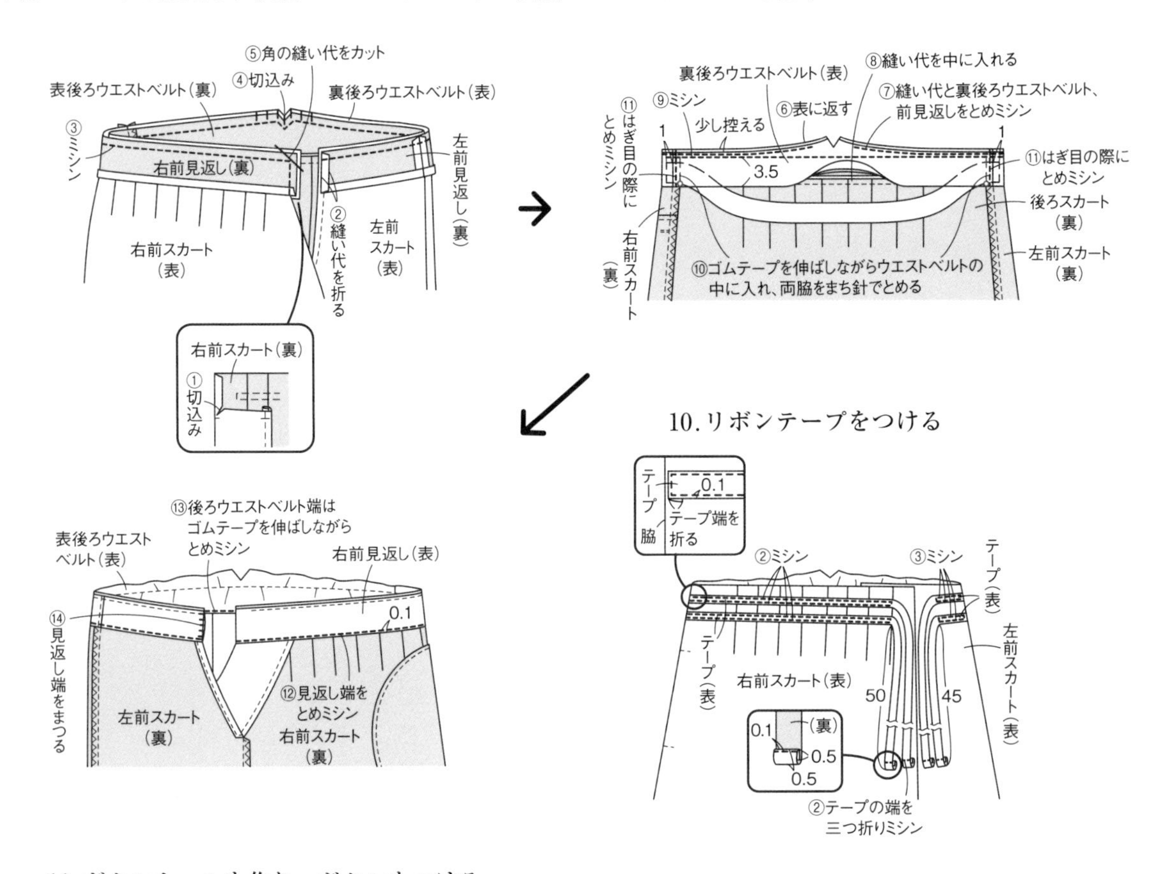
⑤角の縫い代をカット
表後ろウエストベルト(裏)
④切込み
裏後ろウエストベルト(表)
③ミシン
右前見返し(裏)
左前見返し(裏)
②縫い代を折る
右前スカート
(表)
左前
スカート
(表)
右前スカート(裏)
①切込み
裏後ろウエストベルト(表)
⑧縫い代を中に入れる
⑨ミシン
⑥表に返す
⑦縫い代と裏後ろウエストベルト、
前見返しをとめミシン
⑪はぎ目の際にとめミシン
少し控える
1
1
3.5
⑪はぎ目の際に
とめミシン
後ろスカート
(裏)
右前スカート
(裏)
左前スカート
(裏)
⑩ゴムテープを伸ばしながらウエストベルトの
中に入れ、両脇をまち針でとめる
⑬後ろウエストベルト端は
ゴムテープを伸ばしながら
とめミシン
表後ろウエスト
ベルト(表)
右前見返し(表)
⑭見返し端をまつる
0.1
⑫見返し端を
とめミシン
左前スカート
(裏)
右前スカート
(裏)
テープ
脇
0.1
テープ端を
折る
②ミシン
③ミシン
テープ(表)
テープ(表)
左前スカート(表)
右前スカート(表)
50
45
0.1
(裏)
0.5
0.5
②テープの端を
三つ折りミシン

10. リボンテープをつける

11. ボタンホールを作り、ボタンをつける

(ボタンホールの作り方→P.35)

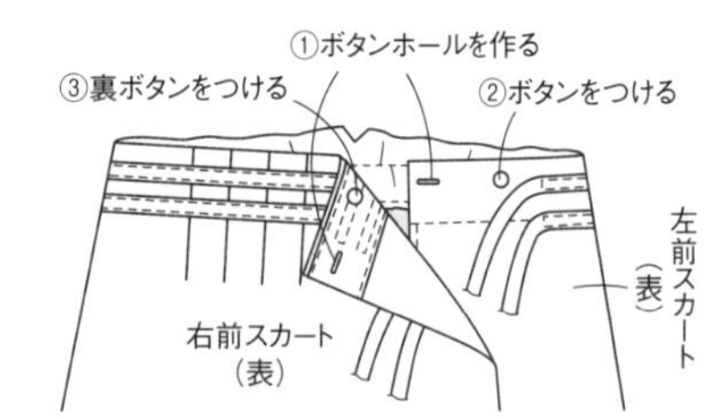
①ボタンホールを作る
③裏ボタンをつける
②ボタンをつける
左前スカート
(表)
右前スカート
(表)

U ななめハンドステッチの丸底トート

Photo / P.20　実物大パターン A 面

丸底のトートバッグに黒の糸でハンドステッチをしました。格子状に、ただひたすらチクチク刺していくだけで、無地の生地がオリジナルの刺繍生地に。ポイントは斜め方向に運針すること。バッグの端は、黒の裏地を少しだけのぞかせて、パイピング風に。

［ 材料 ］

表布（生地の森　洗いこまれた綿麻キャンバス キナリ）
…108 cm幅 30 cm
別布（リネン ベージュ）…50 × 60 cm
裏布（コットン ブラック）…100 × 60 cm
5 番刺繍糸（黒）

［ 出来上り寸法 ］

高さ 25.5× 横 28 cm

［ 縫い方 ］

準備：内ポケットの縫い代にジグザグミシンをかける。

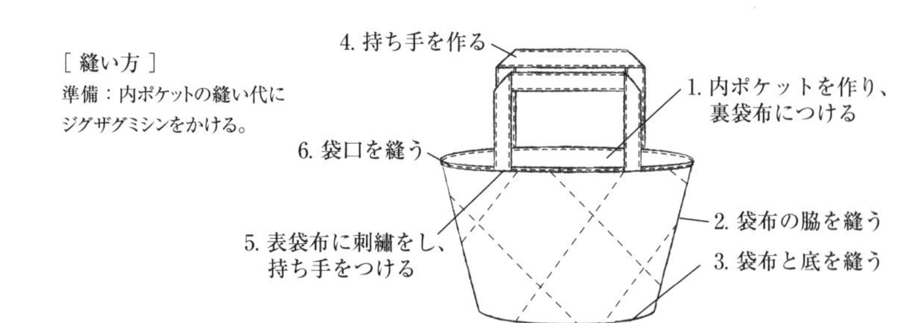

4. 持ち手を作る
1. 内ポケットを作り、裏袋布につける
6. 袋口を縫う
2. 袋布の脇を縫う
5. 表袋布に刺繍をし、持ち手をつける
3. 袋布と底を縫う

［ 裁合せ図 ］

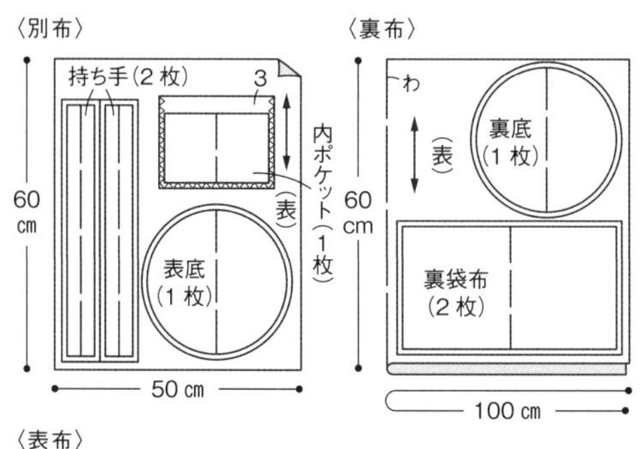

〈別布〉
持ち手（2 枚）
3
内ポケット（1 枚）
（表）
60 cm
表底（1 枚）
50 cm
〈裏布〉
わ
（表）
裏底（1 枚）
60 cm
裏袋布（2 枚）
100 cm

〈表布〉

わ
30 cm
表袋布（2 枚）
（表）
108 cm幅

※指定以外の縫い代は 1 cm
※ ╲╱╲╱ は縫い代にジグザグミシンをかける

1. 内ポケットを作り、裏袋布につける

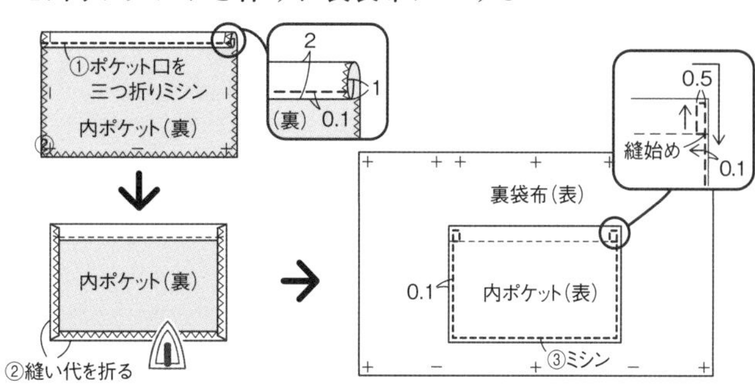

①ポケット口を三つ折りミシン
内ポケット（裏）
2
1
（裏）0.1
内ポケット（裏）
②縫い代を折る
0.5
縫始め
0.1
裏袋布（表）
0.1
内ポケット（表）
③ミシン

2. 袋布の脇を縫う

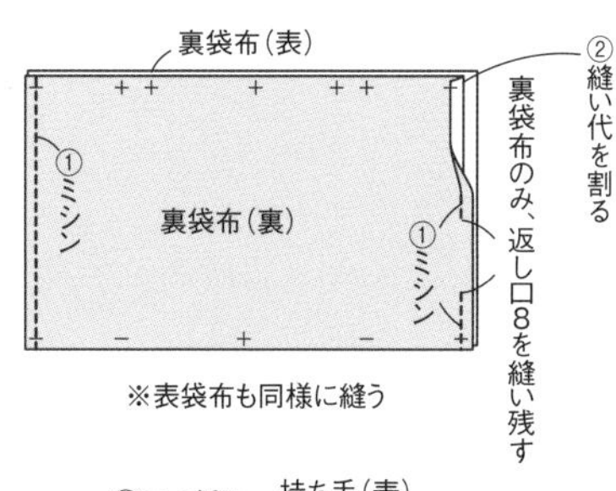

裏袋布（表）
②縫い代を割る
裏袋布のみ、返し口8を縫い残す
①ミシン
裏袋布（裏）
①ミシン

※表袋布も同様に縫う

3. 袋布と底を縫う

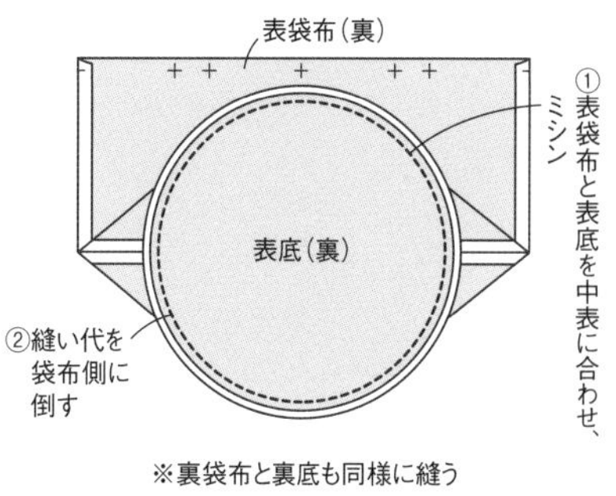

表袋布（裏）
①表袋布と表底を中表に合わせ、ミシン
表底（裏）
②縫い代を袋布側に倒す

※裏袋布と裏底も同様に縫う

4. 持ち手を作る

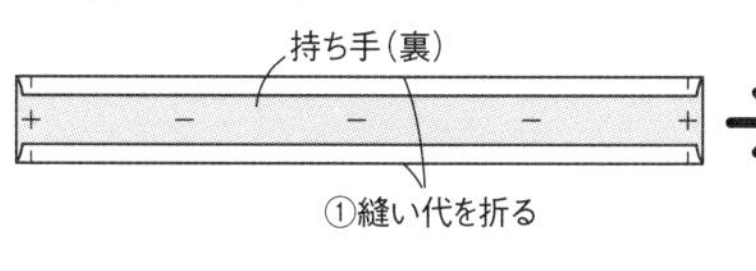

持ち手（裏）
①縫い代を折る
②二つ折り
持ち手（表）
0.1
③ミシン
0.1

※2本作る

5. 表袋布に刺繍をし、持ち手をつける

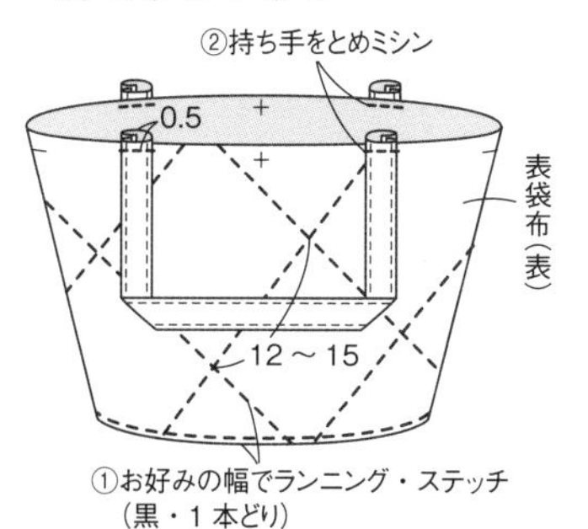

②持ち手をとめミシン
0.5
表袋布（表）
12 ～ 15
①お好みの幅でランニング・ステッチ（黒・1 本どり）

6. 袋口を縫う

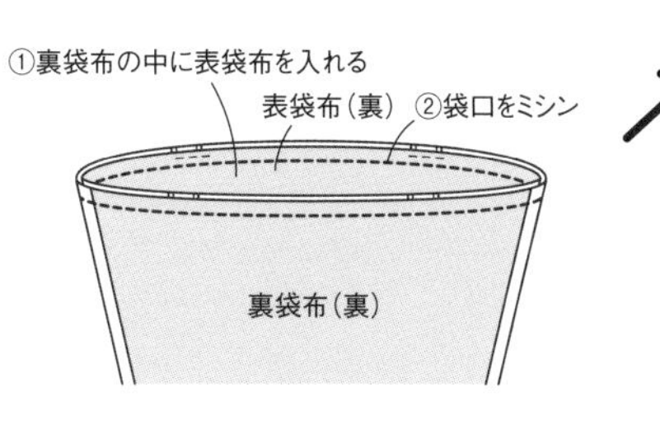

①裏袋布の中に表袋布を入れる
表袋布（裏）
②袋口をミシン
裏袋布（裏）

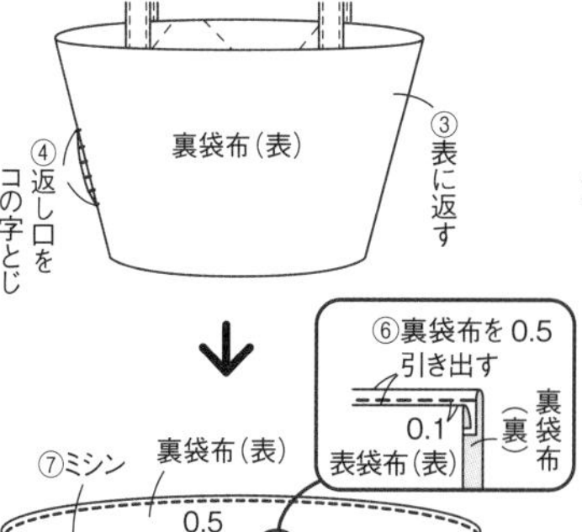

裏袋布（表）
③表に返す
④返し口をコの字とじ
⑥裏袋布を 0.5 引き出す
0.1
表袋布（表）
裏袋布（裏）
⑦ミシン
裏袋布（表）
0.5
⑤表袋布側に返す
表袋布（表）
持ち手をよける

荘村恵理子　Eriko Somura

MAGALIデザイナー。テキスタイルメーカー、ヨーロッパのアンティーク服のバイヤーを経て独立。麻やコットン、ウールなどの着心地のよい素材をベースに、アンティークのようにクラシカルでノスタルジックを感じさせる、洗練された雰囲気のデザインが人気。"いつまでも大好きでいられる服"をブランドコンセプトに、パターン・デザインを追求し、丁寧を心がけ製作している。京都在住。
https://magali.jp/

MAGALIの
ノスタルジックなワードローブ

2020年 7月 6日　第1刷発行
2021年12月 8日　第4刷発行

著　者　荘村恵理子
発行者　濱田勝宏
発行所　学校法人文化学園 文化出版局
〒151-8524 東京都渋谷区代々木 3-22-1
tel. 03-3299-2479（編集）
tel. 03-3299-2540（営業）

印刷・製本所　株式会社文化カラー印刷

©Eriko Somura 2020　Printed in Japan
本書の写真、カット及び内容の無断転載を禁じます。

※本書のコピー、スキャン、デジタル化等の無断複製は著作権法上での例外を除き、禁じられています。本書を代行業者等の第三者に依頼してスキャンやデジタル化することは、たとえ個人や家庭内での利用でも著作権法違反になります。
※本書で紹介した作品の全部または一部を商品化、複製頒布、及びコンクールなどの応募作品として出品することは禁じられています。
※撮影状況や印刷により、作品の色は実物と多少異なる場合があります。ご了承ください。

文化出版局のホームページ　http://books.bunka.ac.jp/

Staff

アートディレクション・ブックデザイン
伊庭 勝（tramworks）

撮影・コラージュ
松元絵里子

スタイリング
村上きわこ（PLYS）

ヘア&メイク
増田よう子（ただし事務所）

モデル
Tehhi

縫製協力
東 佐和美

作り方解説
小堺久美子、比護寛子

トレース
たまスタヂオ

パターングレーディング
上野和博

パターン配置
比護寛子

校閲
向井雅子

編集
鈴木理恵（TRYOUT）
加藤風花（文化出版局）

布地・材料提供
※掲載の布地は、時期によっては、完売もしくは売切れになる場合があります。
ご了承いただきますよう、お願い致します。

A、Q
「DARUMA FABRIC」
tel.06-6251-2199　http://daruma-fabric.com/

B、H、K
「APUHOUSE FABRIC」
tel.075-643-8557　http://www.rakuten.co.jp/apuhouse/

G、I、M、N、P、R、U
「生地の森」
tel.053-464-8282　https://www.kijinomori.com/

C、J、L、O、S
「Pres-de」
tel.078-991-9850　http://www.pres-de.com/

D
「ソールパーノ」
tel.06-6233-1329　https://www.rakuten.co.jp/solpano/

E
「リバティ ジャパン」
tel.03-6412-8320　https://www.liberty-japan.co.jp/

F
「CHECK&STRIPE fabric&things（芦屋）」
兵庫県芦屋市松ノ内町 4-8-102
tel.0797-21-2323　http://checkandstripe.com/

T
「布もよう」
大阪府大阪市西区西本町 2-3-6　山岡ビル 9階
tel.06-6585-9790　http://nunomoyo.b-smile.jp/

シャッペスパンミシン糸
「フジックス」
tel.075-463-8112　https://www.fjx.co.jp/

Thank you!

ISBN978-4-579-11717-8

C5077 ¥1500E

定価1,650円（本体1,500円）⑩

9784579117178

1925077015001

客注
書店CD：187280　07
コメント：5077
受注日付：241206
受注No：119275
ISBN：9784579117178
1/1
71
ココからはがして下さい